面向未来的教育

给教育者的创新课

[加] 乔治·库罗斯（George Couros） 著
刘雅梅 译

The Innovator's Mindset
Empower Learning, Unleash Talent, and Lead a Culture of Creativity

机械工业出版社
China Machine Press

图书在版编目（CIP）数据

面向未来的教育：给教育者的创新课 /（加）乔治·库罗斯（George Couros）著；刘雅梅译. —北京：机械工业出版社，2019.7（2024.3重印）

书名原文：The Innovator's Mindset: Empower Learning, Unleash Talent, and Lead a Culture of Creativity

ISBN 978-7-111-63214-6

I. 面… II. ① 乔… ② 刘… III. 教育研究 IV. G40-03

中国版本图书馆 CIP 数据核字（2019）第 161058 号

北京市版权局著作权合同登记　图字：01-2019-1804 号。

George Couros. The Innovator's Mindset: Empower Learning, Unleash Talent, and Lead a Culture of Creativity.

Copyright © 2015 by George Couros.

Simplified Chinese Translation Copyright © 2019 by China Machine Press. This edition is authorized for sale in the Chinese mainland (excluding Hong Kong SAR, Macao SAR and Taiwan).

No part of this book may be reproduced or transmitted in any form or by any means, electronic or mechanical, including photocopying, recording or any information storage and retrieval system, without permission, in writing, from the publisher.

All rights reserved.

本书中文简体字版由 George Couros 授权机械工业出版社在中国大陆地区（不包括香港、澳门特别行政区及台湾地区）独家出版发行。未经出版者书面许可，不得以任何方式抄袭、复制或节录本书中的任何部分。

面向未来的教育：给教育者的创新课

出版发行：机械工业出版社（北京市西城区百万庄大街22号　邮政编码：100037）

责任编辑：刘新艳　孟宪勐

责任校对：张惠兰

印　　刷：北京建宏印刷有限公司

版　　次：2024年3月第1版第11次印刷

开　　本：147mm×210mm　1/32

印　　张：9.25

书　　号：ISBN 978-7-111-63214-6

定　　价：49.00元

客服电话：(010) 88361066　68326294

版权所有·侵权必究

封底无防伪标均为盗版

赞 誉

本书以令人信服的方式,传达了这样一个信息:教育必须创新,而且这不难做到。乔治·库罗斯还阐释了如何通过塑造创新文化,将人们的潜能充分释放出来,令人深受启发。

——赵勇,美国俄勒冈大学教授,
《就业创业:从美国教改的迷失看世界教育的趋势》作者

当今世界要求教育工作者具备创新思维。如何将学校教育从千篇一律的培养模式转变为创新型培养模式?本书为我们提供了具体的操作指南。

——格雷格·惠特比,帕拉马塔教区天主教学校执行董事乔治是一位乐于和同行交流的领导者，平易近人，实属典范。书中的思想或源于他正在践行的理念，或汲取自他人所长。乔治的优秀之处在于，他将这些思想融会贯通，并应用到教学实践当中。可以说，无论你是教师、管理者还是父母，都能从中受益，因为本书会帮你重新思考、重新确定努力的方向。此外，本书还将带给你第二重惊喜：乐于沟通的乔治将带你一起，开启与诸多卓越教育家的对话和交流。

——迪安·沙尔斯基，《探索》教育频道社区经营主管

作为战后移民，乔治·库罗斯的父亲在加拿大事业有成，这要归功于他在逆境中磨炼出来的机智、敏锐以及对新知识的渴求等优秀品质。乔治认为，即使在今天，这些品质也是我们作为从教者必须具备的。我们也要以"创新型思维模式"，把学生培养成能够应对未来多变世界的优秀公民，这对他们来说至关重要。如果你想在培养学生创新思维的过程中，与他们共同成长，本书是不二之选。

——安杰拉·梅尔斯，教育家、作家、演说家、Choose2Matter 创始人

如果你想改变学校现有的学习方式，本书便是必读之书。乔治在书中提供了一份指南，帮助教育领域的领导者将创新融入学校教育和课堂学习中。书中包含大量的实用策略，可以拿来即用。每章末尾的讨论问题是完美的引导话

题，可以引发学校或者组织关于学生需要何种学习环境的讨论。但是请注意，如果你是服从式教育的拥趸，那么本书可能不适合你。相反，如果你有志于研究教育领导者如何在学校或者学区内与所有成员建立紧密的关系，为学习者创造更高标准的学习环境，那么这是一本必读之书。

——帕特里克·拉金，伯灵顿公立学校教学助理总监

乔治·库罗斯富有洞见，能够对那些别人还没意识到的问题提出质疑。他以谨慎的态度、深刻的思考和独特的直觉，将这些质疑写入这本见解独到且非常实用的书中，从而改变你"做"教育的方式。更重要的是，他激励人们不断超越自我。如果你正在寻找一本能够引发关于创新的讨论，能够帮你找到挑战现状的突破口的书，那么本书便是你正确的选择。我本人就是本书的受益者，它让我变成了更好的领导者。你会情不自禁地被书中所述的简单道理和事例所激励。这些案例来自教学一线的教师和领导者，他们脚踏实地地做着创新的基础工作，而且不断拓宽工作边界。在一个以统一标准评价教育质量的系统中，本书将会帮你达成超出预期的目标。更重要的是，它还会指导你如何带领学生与你一同前进。

——安伯·泰曼，怀利 ISD 学区总监

推荐序

如秃鹫盘旋于腐尸，教育改革被各种故弄玄虚的流行词汇所包围。很多人迷恋于，抑或迷失于关于教育改革的陈词滥调而不能自拔。也许最好的例证就是，对"创新"一词的滥用，已经使它丧失了本该具有的力量。教育创新的真正含义是，我们需要打破自满，改变现状，探索不断变化的未来之路。

乔治·库罗斯所著的《面向未来的教育：给教育者的创新课》是我们期盼已久的宣言，能引领我们冲破老生常谈的藩篱，开始弥足珍贵的真正变革。本书既没有通向教育理想王国的创新路线图，也没有逐步实施的计划书，但是请不要对此感到失望。

变革不必非有任务清单。世界风云变幻，宝藏不会待在同一个地点等你发掘。让自己不迷失方向，找到宝藏的唯一方法就是握紧指南针。本书通过在组织内塑造创新型思维模式、建设创新文化、建立密切的人际关系等方式，激发组织成员的学习潜力，让他们在任何条件下，都愿意且有能力调整状态、独辟蹊径、迎风启航。

本书只是一个起点，是讨论的开始。它让我们认识到，我们都是同路而行的学习者，每个人都有自己的故事，且面临着独特的挑战。乔治将他的个人经历、教育实践的真实案例，以及发人深省的问题有机地整合在一起，鼓励从教者对所谓的"传统智慧"提出质疑，并且付诸努力，推动变革。

如果阅读本书让你感觉不自在，好极了！

如果阅读本书让你开始怀疑你曾经笃信的原则，太妙了！

但是，如果本书让你无动于衷，没有使你的行事方式发生任何变化，那就是我们的失败。启而不发，百无一用。变革不可阻挡，与其惶恐畏惧，不如热情接纳。乔治掷地有声地说："变革为我们提供了机遇，敦促我们去做些了不起的事情。"

让我们把握机会，推动创新在整个教育体系中迅速传播；让我们把握机会，把学校塑造成尊重创造能力，重视动手能力，反对墨守成规、机械记忆的育人之所。让我们把握机会，与那些乐于分享自己的成败得失的同事沟通交流，因为我们深知，我们将作为一个团队共同努力，帮助学生成为人生赢家。

千里之行，始于足下。让我们就此开启创新之旅。没错，学校教育也可以造就奇迹。

戴夫·伯格斯

戴夫·伯格斯咨询公司总裁

畅销书《教学需要打破常规》《海盗的海》作者

译者序

作为教育工作者，遇到并翻译此书实为幸事。

书稿文字平实，案例生动，读来轻松畅快，感同身受，毫无距离感，同时让人感到一种力透纸背的力量，让从教者，特别是教育领域的领导者重新思考创新的内涵和意义，并且不断反思并问自己：教育创新的目的和初心是什么？你有创新的勇气和动力吗？你为创新做出表率了吗？你在组织内塑造创新文化了吗？你是否将新技术手段融于教育创新之中了？……引发读者思考并促使从教者行动起来，共同推动教育创新也正是作者的写作初衷。

在作者乔治·库罗斯看来，创新是一种思维模式、一种思考方式，是保持持续学习，不断突破固有藩篱，为学习者创造更新、更好事物的不竭动力。乔治以亲身经历告诉我们，创新型思维模式并非与生俱来，需要持续地学习、质疑、探索和坚持。他认为教育领域的领导者和管理者首先要具有这种思维模式，并且率先垂范，才能引领组织塑造创新文化，为教师和学生成为终身学习者提供创新环境，激发组织的学习潜力，释放禀赋才能，升级学习方式，从而促进整个组织思维模式的转变，最终实现教育的目标和初心，使之成为其他行业创新的引领者，而不是"亦步亦趋的追赶者"。

21世纪，科技进步让教育创新面临更多挑战，也为其提供了前所未有的机遇。如果教育管理者和从教者无视科技带来的变化，继续沉迷于"我们一直都这么做"，那么他们不但辜负了科技带来的无限可能，更难以培养出适应未来社会的学习者。书中分享的大量案例都在不断强调一个事实：有效利用现代科技是激发学习者兴趣和潜能，显著提升学习效果的加速器和"油门"。学习者要做好"司机"，学会如何驾驭科技手段，使学习效果倍增，在学习中实现创新乃至产生新的创造。科技让世界从未如此联通，联通也从未如此便捷，学习和分享触手而就。通过互联网以及网上工具和社群，学习者不但能够随时随地分享世界各地的其他学习者的经验和成果，也可以把自己的思考分享给世界。在这个过程中，学习者的原创性、创造力、批判性思维、合作精神都得以充分展现，从而实现了学习方式的更新和迭代。

持续学习和不断检省是创新者的必备修养。《论语》中"学而时习之""一日三省吾身"的训诫提醒我们学习和反思的重要性。回顾我在文章开头提出的问题，如果你也是一个从教者或者教育领域的领导者，请对照问题逐一自检，看自己是否可以给出满意的答案。如果我们距离成为一个创新的从教者或者教育领域的领导者还有差距，那么导致这个差距的原因何在？乔治给出了答案：教育创新最大的障碍就是我们固有的思维方式。所以，转变思维方式是教育创新的首要关切，是激发创新活力的基础和原点，也是塑造创新文化的底层逻辑。

如果每一位从教者都能积极参与创新，他就会成为游戏规则的改变者和孩子们渴望的创新者，就会为教育注入生生不息的动力，使其回归本质和初心。

刘雅梅
辽宁师范大学国际商学院院长

目 录

赞誉

推荐序

译者序

引言 // 001

第一部分　教育领域的创新

第 1 章　何谓创新，何非创新 // 017

全新的机遇 // 020

创新的定义 // 023

创新始于问题 // 025

开放式的创新学习 // 027

通往创新之路的简单步骤 // 030

何非创新　// 031

进一步思考　// 032

第2章　创新型思维模式　// 034

选择创新型思维模式　// 036

每个从教者都需要有创新型思维模式吗　// 041

在框架内实现创新　// 041

哪种失败是我们愿意接受的　// 042

创新型从教者面临的关键问题　// 045

进一步思考　// 048

第3章　创新型思维模式的特征　// 050

创新型思维模式的八个特征　// 054

创新型思维模式如何影响学生　// 068

一种全新的思考方式　// 070

进一步思考　// 070

第二部分　奠定坚实的基础

第4章　建立稳固的关系　// 077

扼杀创新的力量　// 081

最高级别的公平　// 084

"不"的威力与"是"的文化　// 085

班级教师和学校教师　// 087

一次只关注一个人，改变就会发生　// 089

进一步思考　// 094

第 5 章　学习、领导、创新　// 096

打破惯常　// 098

亲身体验、创新领导、有效管理　// 101

自主学习者，创新型领导者　// 104

创新型领导者的基本特征　// 107

进一步思考　// 110

第 6 章　引发兴趣还是激发潜能　// 112

孩子是因为接受了学校教育才有创造力的吗？
　抑或是尽管孩子接受了学校教育，但仍然保持了
　创造力　// 115

被动接受的文化　// 116

激发潜能的文化　// 119

"自我展示日"　// 121

激发潜能不能只靠一个活动　// 123

学校教育 VS 自主学习　// 125

我们生活的世界　// 128

进一步思考　// 129

第 7 章　建立共同的愿景　// 131

制定新愿景　// 133

付诸行动　// 137

当今课堂教学的八个原则　// 138

从愿景到现实 // 144

"如果怎样，会怎样"的假设 // 146

进一步思考 // 147

第三部分　释放学习者的潜能

第 8 章　基于学习者优势的领导力 // 151

通过有效领导创造更好的教育教学环境 // 154

错误的方法 // 157

量身定制 // 158

通过互相成就来成就共同的事业 // 160

你梦想的工作 // 162

主动权的重要性 // 165

进一步思考 // 167

第 9 章　高效学习优先，技术手段其次 // 169

是 21 世纪的学校，还是 21 世纪的学习 // 171

技术"只"是一种工具吗 // 172

以学习者为中心做决策 // 174

领导、学习、分享 // 176

转变工作思路 // 179

进一步思考 // 183

第 10 章　以简胜繁 // 185

前进过程中的失误 // 187

选择的困惑　// 188

关注创新　// 191

共同的目标　// 193

要允许探究　// 195

创新：每个学校和课堂都是独一无二的　// 196

怎么看待基础知识　// 197

进一步思考　// 199

第 11 章　拥抱开放的文化　// 202

"如果可以，请打电话给我"　// 205

如何让优质的学习体验迅速传播　// 209

通过分享提升学习力和领导力　// 212

竞争性合作　// 214

走向世界，影响周边　// 215

进一步思考　// 217

第 12 章　为教师创造有意义的学习体验　// 220

为我们自己创造学习机会　// 223

当今教师职业学习中的八个原则　// 225

进一步思考　// 243

第四部分　总结和思考

第 13 章　我们是否达成了目标　// 246

一种不同以往的评估方式　// 249

学习方式的转变促成思维方式的转变　// 254

你是如何衡量成功的　// 257

进一步思考　// 259

第 14 章　教育创新的最大障碍和"游戏规则改变者"　// 263

我的故事，你的故事　// 271

创新的最大障碍和游戏规则改变者　// 272

致谢

注释㊀

㊀ 本书注释见网站 course.cmpreading.com。

Introduction

引 言

一旦停止学习,无异于死之将至。

——阿尔伯特·爱因斯坦

我六岁那年,父亲买回家一个神奇的玩意儿:录放机。它有两个功能,可以播放录像带,也可以设定时间把电视节目录下来。父亲后来又在设备上添加了一台摄像机。他用这个"移动技术"给我们四个孩子录像,设备的线能够延伸到哪儿,父亲就录到哪儿。在家庭录像里当主角也是很有趣的事情。父亲当年录下来的视频成为我们如今珍藏的美好回忆。如果当初父亲没有买录放机的想法,不去学习录像这门新技术,那么我们的童年会失去多少乐趣,又会有多少美好的记忆被遗忘了呢?

2013年3月,父亲去世了。直到生命的最后一天,他还一直在不断地尝试和学习新东西。尽管他不识几个字,但他注册了电子邮箱,还上Facebook,因为他知道通过这些方式可以找到儿孙晚辈,并和我们保持联系。父亲真正践行了爱因斯坦的名言"一旦停止学习,无异于死之将至"。

引 言

父亲白手起家，一生中取得了很多成就，非常了不起。父亲在希腊长大，那时正值希腊内战，他二年级便辍学了，后来还参加了内战。20多岁时他离开希腊来到加拿大谋生，兜里揣着不到20美元，乘坐一条小船穿越大西洋来到这个陌生的国家。这里的气候条件与希腊有天壤之别。他不识字，不能读写希腊文和英文，也不会说英语和法语（英语和法语是加拿大的两种官方语言）。尽管没有接受过正规教育、语言不通，加之移民身份所带来的重重困难，父亲却一路打拼过来，从洗盘子干起，之后成为冷盘厨师，又升到主厨，再后来开了自己的饭店，和母亲一起经营了差不多30年。他一生坎坷，一直努力改变自己的命运，为自己和家人赢得更多机会。

其实很多家庭都有着和我父母类似的故事。我们常常忘却了自己的家庭曾经经历了怎样的变化以及这些变化带给我们的机遇，而那些机遇让生活变得更加美好。同样的道理，作为从教者，我们也应该为学生提供更好的机遇。

改变意味着有机会去做些了不起的事情。父亲很明白这一点。可是在教育机构中，人们往往不愿意接受新事物。当我们抱怨办公软件由微软文字处理系统变成了谷歌文档系统，不是因为后者比前者差劲，而是因为我们不喜欢变化。

甚至在有些拥有最先进设备的学校,教师和管理者用这些全新的设备做着和以前并无二致的事情。笔记本电脑、平板电脑,或者互动白板,这些用来改善教育效果的工具和先进设备常常被大材小用,就如同花 1000 美元买了一支普通铅笔。

约翰·卡弗校长曾经对我说,他相信世界正处于科技所带来的变革之中,正如 500 多年前"古腾堡印刷机"的发明对世界产生的巨大影响,技术为我们提供了前所未有的机会。他认为,我们应该重新思考学校教育的作用以及如何发挥学校的作用。没错,如果我们不去认真思考我们的教育方式,不去认真思考从教者和学生应如何学习(这一点更为重要),我们就会眼睁睁地失去摆在面前的大好机会,学校就会徒有先进设备的"外表",其本质和我们上学的时代根本没什么两样。

当下,很多学校号称自己是 21 世纪的学校,实际上还延续着 20 世纪的教学方式。在外人眼里,这些学校的外表光鲜亮丽。1∶1 的学生和先进设施比率不但能够吸引生源,也让邻校的教职人员艳羡,可是深入学校内部,我们便会发现,学生的学习热情根本没有被激发出来,他们认为传统教育方式毫无实用性可言。他们从网上获得的学习资源

引　言

要比老师能够教授给他们的知识更好。如果学校沦为一个只能提供内容和信息的场所，那些先进的教学设施还有何用？比方说，如果一个学生想学习太空知识，想弄明白太空是什么样的，她不是去问老师，而是去访问美国国家航空航天局的官方网站，阅读宇航员和科学家的博客，她甚至能通过 Twitter 联系到包括哈德菲尔德指挥官在内的宇航员。在一个很有影响的视频"致从教者的一封公开信"中，从大学退学的年轻人丹恩·布朗分享了他关于教育的尖锐观点。

> 我们都清楚，学校教育一定有很多地方出了问题，所以很多人会说："学校教育需要变革！"恕我不敢苟同。我要对全世界所有的从教者说，你不必改变任何事情，但你必须明白世界瞬息万变，如果你原地不动，世界将弃你而去。[1]

也许你不完全认同丹恩在视频中表达的观点，没关系，但是我希望你同意我的这个观点，即教育需要创新。没有创新，所有的机构组织，包括教育机构在内，都将不复存在。如果教育领域的领导者不重视和关注学生的需求，我们的教育机构就如同公司或企业不能满足顾客的需求一样，只能以失败或倒闭告终。

如今的学生最需要的是启发式教学。孩子带着问题和好奇走入校门,而我们却常常为了完成教学大纲规定的教学计划,让他们把问题留待以后再问。我们忘了,自己的职责不是教学生死记硬背或者机械呆板地完成学习任务,而是激发他们的好奇心,培养他们自主学习的能力,从而激发他们探究真理、成为领导者的热情。

我们也忘了,如果学生毕业时的好奇心相较入学时不强反弱,那么我们的教育就是失败的。

很多学校的教学模式无法满足21世纪人才市场的需求。很多学生毕业时只擅长"上学"这一件事:他们掌握知识点,谙熟考试技巧,清楚如何按规矩行事。但是,世界不是由一串知识点构成的。要想成才,学生必须学会独立思考,不断适应变化的环境。我们嘴上说希望孩子独立思考,但是教给他们的却是顺从和听话。

17岁的高中生凯特·西蒙兹在她2015年的TED演讲"17岁"中指出:

> 看看我们的教育现状吧,学生对自己学什么、怎么学根本就没有话语权,而社会却期望我们用那

引　言

些强行灌输给我们的知识去应对世界。在高中生活的最后一段时间，学校还在希望我们上厕所之前举手请假，然而三个月以后就希望我们或者准备好上大学，或者找个全职工作开始上班，养活自己，独立生活。这完全没有逻辑和道理可言。[2]

要求学生一味服从培养不出创新精神，只会适得其反。

挑战无时不在，我们必须让学生学会批判性思考，学会面对挑战，还要让他们学会与来自世界任何地方的人合作解决问题。更重要的是，他们必须学会如何提出对的问题，即那些关于挑战旧体制、激发创新力的问题。

我并不是说目前所有学校都对变革和创新无动于衷。许多学校已经开始变革并已取得进展，而不是仅仅停留在打算变革的层面上，但我还是要强调，我们必须改变学校在学生心目中的形象，为学生创造全新的、符合需求的机会。这关乎他们的现在和未来。

最重要的一点是，培养具有创新力的学生需要具有创新力的从教者。现在许多教师要求学生遵从的规则和他们上学时需要遵从的规则如出一辙。教师很清楚学校所能提供的条件远远不能满足他们自己对学习的需求，所以很多教师产生了职业倦怠感。他们也想创新，却不得不把本可以与世界各地同行沟通和学习的时间，花在那些似乎与教育本身无甚关系的教工会议上。他们与本校同事的交流和学习也面临同样的问题。校方经常对教师说，想创新，你得自己找时间。

作为教育领域的领导者，如果让教师自己找时间去做什么事，就等于告诉他这件事无关紧要。如今大多数教师职业培训只关注教师是否按要求完成了某项培训任务，这样既不能激发教师的创新力，也不能培育创新文化。相反，我们要鼓励教师不要墨守成规，要勇于打破藩篱，为学生创造实实在在的机会。这些"另类"做法积少成多，便会慢慢推动创新，结果则是喜人的。学生记住的往往不是那些能让他们考高分的老师，而是触发了他们生命激情的老师。

这些点滴创新其实在我们的学校中一直存在，但是我们要让它成为主流，而非特例。这就要求我们为教师腾出更多的时间用来学习和成长。我们还要达成共识、目标一致，为所有教师的学习、创造和创新提供渠道与资源，从而满足学生对教师的期待。建立创新型组织需要我们共同努力，没有所谓的"自上而下"或者"自下而上"的行动方案，这是一

引　言

个全员参与、同舟共济的事业，而且，这是一个完全可以达成的目标。

英国电信公司 O2 制作的"我想活得更像一只狗"的广告，完美诠释了一个正确的决定是如何促成一个积极的改变的。这种改变可以多极致呢？广告讲的是一只无精打采、悲观厌世的猫决定让自己活得更像一只狗，[3] 以及做出这个决定之后发生的脱胎换骨的变化。（即使你是爱猫一族，我也建议你花点时间看看这条广告，或者说，如果你是爱猫一族，就一定要看看这条广告。）这条广告是想告诉人们要敢于冒险，接受变化而不是躲避变化。你会发现敢于冒险的心态会让生活变得更有趣。

我们为何不在学校教育中持有这种"像狗那样有点冒险精神"的心态呢？

O2 的广告中最能引起我共鸣的是这样一句话："看看眼前的世界，简直太精彩了。"想想看，世界触手可及，我们能够通过各种媒介和任何地方的人们连接起来，和他们共同创造。但是每当我们谈论现代科技，多数学校最为关注的两大问题竟然是网络霸凌和网络安全。没错，这两个问题的确很重要，确实需要讨论，但是我们需要关注的远不止这些。我们花费太多时间告诉学生不能做什么，而不去关注我们能为创新做些什么。试想，我们在谈到铅笔时，所关注的只是告诉孩子不要用铅笔和同学互相扎来扎去，而忽略了它的书写功能，这样的思维方式能激发学生的创造力吗？似乎不太可能。这会给学生带来恐惧感吗？嗯，基本可以肯定。

本书就是要探讨学校如何通过学习，创造有意义的变化，从而为学生提供更好的机会。我们的目标不是为了变化而变化，而是促成一种能够推动教师和学生创新以及成长的变化。本书主要包括以下几部分。

第一部分我们探讨了什么是创新，以及创新对学校意味着什么。同时，我们也会关注如何培养"创新型思维模式"，介绍这种思维模式的特点，以及这种创新者特有的思维模式如何在实践中体现。

第二部分谈到学校的创新文化需要坚实的基础，所以我们会以建立稳固的师生关系开始这部分的内容。正如史蒂芬·柯维所言，信任是快速建立稳固关系的根本。[4] 如果我们希望师生勇于冒险，就需要让他们知道，我们就在他们身边保护他们、支持他们；让他们看到我们身先士卒，带领他们一起冒险。无论是课堂教学还是教育管理都需要创新，作为领导者，我们必须成为创新的表率。

这部分强调我们要改变墨守成规的文化，投入到创新活

引　言

动中，并最终将创新力量注入学校教育。要想激发人们的创新动力，领导者必须转变自己的角色，由施令者转变为聆听者。当你做出这种转变，并且开始关注学习者（包括教师和学生）而不是管理者时，你的愿景才会被组织内的其他成员认同。当我们将"我们"置于"我"之上时，就会拥有如史蒂文·约翰逊所说的"临近可能"，从而缔造出全新的期冀和强烈的愿景，让学校成为它能够而且应该成为的样子。史蒂文·约翰逊解释说，"临近可能"不是终点，而是起点。

"临近可能"的奇妙之处在于这种"可能"的边界会随着你对"可能"的探索而不断扩大。每一个新的机会组合都会引向另一个全新的机会组合。就如同一套房子，随着房子内每一扇房门的打开，房子的空间就会魔法般延展。开始时你身处一间有四扇门的房间，每一扇房门都通向一个新的房间。一旦你打开其中的一扇门走进去，又有三扇门出现在你眼前，每一扇门又通向一个全新的房间。而目前你所处的房间是不可能从你刚进入房子时所处的位置直接到达的。继续开门，继续进入一个新房间，最终，一座官殿跃然眼前。[5]

提醒各位，本书的初衷不是要指导你应该制定什么样的教育愿景，而是希望当你有机会领导学校或组织的教学工作时，你能和大家一起努力，了解并满足大家的个性化需求，因为领导者和所有成员最了解学校或组织需要什么。

第三部分是关于付诸行动的。我在演讲和工作坊中最常被问到的问题是："我们如何做才能让其他人做出改变？"其实在现实生活中我们不能改变任何人，只能改变自己。作为领导者，你能做的就是基于比较优势，在组织内创造有利于学习和培养领导力的环境，彻底解放思想。这部分还关注了在所有决策必须能够创造良好学习环境的前提下，如何有效发挥科技优势。另外，这部分也讨论了如何营造一种鼓励每个人既是教授者，也是学习者的文化。

第四部分会让你明确自己身处何处、将去往何方，以及如何到达。其实你永远都不会真正"抵达终点"，学校更是这样，它比任何其他组织都更需要持续学习。

如果你通过阅读本书已经开始改变自己，那么我希望你能分享自己的故事，学生会从中受益。当我们不再纠结于谁比谁更优秀，而只去关注尽我所能助力每个人取得成功时，我相信我们每个人都有能力或多或少地影响他人。所以不要犹豫，请分享你的学习收获，也把那些对你好用的做法分享

引 言

给大家。

尽管本书探讨的是有关教育的话题,但是别指望在书中找到高分秘籍。我相信孩子在拥有善于思考、喜欢创造、乐于创新的精神的同时,能在考试中取得好成绩,但我还是不能对考试的弊端视而不见。21世纪的教育并不只关乎考试,而是一个更加宏大的话题。我不在乎小学三年级的孩子如何在科学课上走捷径考高分,我只关心学校教育是否激发了他们的学习潜力,让他们成为更好的自己。

如果你想贡献一己之力,改变学校在师生眼中的形象,我希望本书能够帮到你。创新不是少数人的专利,组织层面的创新需要管理者、教师和学生等全体成员一起参与、共同努力,这样组织才能前进和发展。

父亲的励志经历以及母亲在父亲去世之后对我的不断鼓励,让我明白两个道理,并且受益终生。其一是良好的关系至关重要。父母开的那家饭店之所以生意兴隆,是因为顾客愿意光顾,他们在这里用餐感受到了尊重。同样的道理,师生之间也需要建立一种关系,就如同戴夫·伯格斯在他的《教学需要打破常规》一书中描述的,那种"撞门而入"[6]的师生之间的亲密和信任关系。我希望你和员工之间也可以感受到这种相互之间的热情和真诚。我从父母身上学到的第二个道理是永远不要停止学习,特别是身处逆境的时候。我们只有在学校教育中将原创性、创造力、批判性思维、合作精神以及对知识的渴求作为评价学生、老师和我们自己的标准,其他行业才会把教育看作创新的引领者,而不是亦步亦趋的追赶者。

变革之路总是艰难的,有时甚至难于上青天,但是,变革也给我们提供了难得的机遇,让我们去做些了不起的事情。如果我们愿意塑造这种思维模式,成为孩子渴望的创新者,无尽的宝贵机会便会纷至沓来。

我们启程吧!

第一部分
教育领域的创新

这是本书的开篇部分，我们将为创新下定义，考察何谓创新，何非创新，并指导读者理解创新的含义及它对当今教育的重要意义，并在此基础上重点探讨创新型思维模式的特点。我们将会分享一些案例，但目的不是指导学校和教师应该做什么，而是引发大家思考，并且鼓励大家在实践中形成自己的创新方法。我们有机会也有必要为学习者创造更新、更好的学习环境。这里所说的学习者既包括学生，也包括教师。要做到这一点，我们就不能把"创新"仅仅看作教育领域的一个时髦词汇，而要搞清楚到底何谓创新，如何定义创新，以及创新在实践中的表现形式。

chapter 1

第 1 章

何谓创新，何非创新

尽早改变，胜券在握，迟疑拖沓，败局注定。

——赛斯·高汀[1]

过去人们租借影碟得去影碟租赁店。为了还原当时的情景,让我们回到当年影碟租赁巨头百仕达(Block-buster)的门店,看看生活在那个年代的人们租借电影时的窘境。在一个讲述当年故事的视频中,《洋葱报》(*The Onion*)记者采访了几个当时的演员,他们说当年人们租还影碟需要长途跋涉,有时单程就要 6 英里[一]。可怜的是,人们根本就不知道自己想借的影碟是否还在,生怕已经被别人借走了![2]

当然,《洋葱报》是在讽刺这家公司无视互联网的存在,死守已经过时的经营模式。就在几年之前,去百仕达这样的影碟租赁店租影碟,回到家里舒舒服服地看电影仍是人们最好的选择。尽管在世界其他地方,这种影碟租赁店依然存在,但是在西方国家,更便捷、更便宜的影碟租借方式(而且足不出户)已经把大部分传统的影碟租赁店挤出了市场。

[一] 1 英里＝1609.344 米。

互联网彻底改变了影碟租赁行业的生态。许多公司充分利用了新技术带来的机会。比如奈飞的 DVD 邮寄和在线观看业务就生意兴隆，而一些像百仕达这样依然死守过时经营模式的公司，就输得很惨。

其实，百仕达有多次机会买下奈飞，可它都拒绝了。[3] 等到它反应过来，也想用邮寄方式出租影碟时，它已经丧失了市场上的老大地位。百仕达和其他失败的影碟租赁公司得到的一个惨痛教训就是：不谋创新，死路一条。

明智、务实的领导者明白创新的必要性，所以他们不断推动组织变革。以星巴克为例，它在创业之初只卖咖啡豆，而现在已经发展成世界上最著名的咖啡连锁店。公司前董事长、首席执行官霍华德·舒尔茨瞅准商机，打造了一个在居家和工作之外人们愿意消磨时间的场所。尽管星巴克以烘焙咖啡豆起家，但公司管理者不断寻求优化公司经营的路径——他们找到了冲调咖啡的新方法，包括"使用电子技术控制冲泡时间和温度的高科技机器，利用云技术更新菜单，追踪顾客偏好，监控咖啡机操作等"。[4] 星巴克还丰富了产品种类，提供不同形式和口味的咖啡与茶品。星巴克还在提高员工服务方面赢得了声誉，比如制作贴心的工作时间表，[5] 帮员工支付大学学费等。[6]

不管你喜不喜欢星巴克的咖啡,它都是一家持续优化服务、不断满足顾客需求的公司。对它来说,改变意味着成功,而不仅仅是做好咖啡生意或者生存下去那么简单。

全新的机遇

学习和创新总是携手而行。而骄傲使人落后,让人以为昨天的成功足以应付明天的挑战。

——威廉·博拉德[7]

教育界有这样一个说法:"我们要把孩子培养成才,以便将来能够胜任目前尚未存在的工作。"2011年,为了实现这个目标,学区总监蒂姆·蒙兹和我一起新设了一个工作岗位,叫作学区创新教学主管,这是整个学区前所未有的岗位(据我们了解,当时所有学区都没有这个岗位)。因为我们需要一个全新的、工作内容完全不同的岗位,而不是简单地将以前的工作内容换个名头了事。我和蒂姆以及学区管理团队都明白,现实和理想之间存在着差距。我们也很清楚,要缩小差距,构建理想中的创新型组织,就必须改变思路。

我接手了这个有点挑战的工作。所谓的挑战就是这个工作没有具体的岗位描述，但要完成的目标是确定的，即完成推动学区成长和发展的任务。我们似乎在搭建一个"空中楼阁"，搞不好可能连我也一起搭进去。所幸，学区总监蒂姆明白，要让管理层其他成员也效仿这个做法，就要承担一点风险，就得为创新教学投入相应的人力和资金。

我上任后第一个任务就是弄清创新对我们学区的教学工作到底意味着什么。如果不先给创新下一个明晰的定义，让教师和学生清楚创新的表现形式，就不可能有真正的创新教学。不是说以前没有这个职位的时候，我们学区就没有创新型的教师，据我所知，不只我们学区，其他学区也有相当一部分教师采用非常超前的教学方法进行教学。但是这些还只是星星之火，我们希望创新教学在我们学区呈现燎原之势，成为我们组织的文化常态。

学校是否忘记了自己的"为什么"

我们所从事的教育事业，是最人性化的职业，可现实却是，教育已经被简化到只用字母和数字来评价教育效果的境地了，思之令人恐惧。无论是出于完成政治任务还是满足对学校和教师的评价要求，我们把太多的精力放在了考试成绩上，似乎已经忘了教育的初衷：改变—提升—生活。正如演说家和作家乔·马丁博士所言："没有哪个毕业生会对以前的老师说，是标准化考试改变了他的生活。"

任职创新教学主管不久，我听了一场畅销书《超级激励者》的作者西蒙·斯涅克的 TED 演讲，题目是"优秀的领导者如何激励人们付诸行动"[8]，他说，所有优秀的组织都从"为什么"（why）开始，之后专注于做什么、怎么做。

我相信教育的"为什么"是培养学习者和领导者共同创造更加美好的现在与未来。当我使用"领导者"一词时，我指的不是所谓的老板，而是能对现实世界产生影响的人。同样，学习者也绝不仅仅限定为学生。从教者作为学习者和领导者也必须拥有同样的成长机会。任何人，不管你是什么角色——学生、教师或管理者，都既是学习者又是领导者。但是要想让我们的学生、教师和管理者拥有学习者和领导者的特质，我们就必须鼓励创新，而不是要求被动服从。

本书的"为什么"和重点讨论的问题，就是推动学校帮助每个人接受和支持创新型思维模式。我相信,一旦那些具有前瞻思维的学校鼓励学习者成为创新者和领导者,他们一定会让世界变得更加美好。这是本书的初衷,我相信,这也是我们从教者的使命(what)以及完成这一使命的必由之路(how)。

创新的定义

如今在教育领域,"创新"不过是个普通的词,本书也已经数次提及。但是创新到底为何物,特别是在教育领域,它的真正含义是什么呢?

与本书的写作目标相呼应,我将"创新"一词定义为一种创造更新更好事物的思维方式。创新有"发明"(创造全新的事物),或者"革新"(对已有事物的变革)之意,但是如果其中不包含"更新、更好"之意,那么就不能诠释创新。为变化而变化不是创新的应有之意,许多组织把创新当作一个流行词来显示自己紧跟潮流,这也不是真正的创新。

还有一点请大家注意,我认为创新是一种思维方式,是一种考虑到观念、过程和潜在成果的思维方式,它不是一件具体的事情,或是一项什么技术。欧特克(Autodesk)首席执行官卡尔·巴斯在他的 TED 演讲中解释了"创新的新规则"。他说:"创新是我们改变世界的过程……是我们将想法和技术付诸实践,创造全新的、更好的事物。"⁹ 很多组织混淆了创新与技术,而实际上它们根本就是两回事。尽管技术可能在组织的创新实践中至关重要,但是创新远远不止电脑、平板、社交媒体、互联网这些工具和载体,而是如何通过这些工具和载体实现创新的目的。

另一个经常和创新交替使用的词是"剧变"。剧变更多强调从教者所做的工作实现了显著改变。我知道为什么很多管理者呼吁要实现剧变,但我认为,创新并不需要惊天动地的改变。无论个人还是组织,只要努力便可做到创新。圣迭戈大学移动技术学习中心职业学习部主任凯特·马丁,解释了领导层培养创新型思维模式的重要性。

> 教师必须有针对性地为学生设计原创性强、参与性强、相关度高的学习体验活动。教师的作用就是启发学生学习,培养他们作为学习者的学习能力和思维模式。教师作为设计者和协调者,必须对学习资源、学习体验和组织支持进行持续的优化与改进。我们没必要从根本上改变教师的作用,我

们要做的是培育创新文化,即鼓励和激发教师不断探寻优化学生学习体验的路径,这一点正变得越发明确。[10]

建立创新文化并不需要剧变,即根本性改变。相反,它需要领导者开发和维护一套能够支持"优化学习体验"的系统,同时还要重视创造和创新思想的生发过程。

创新始于问题

来自芝加哥的教师乔希·斯坦宾浩斯特认为:"创新教学就是持续改进,保证学生享受更优的学习体验。"乔希强调教师不是教学的中心,学生才是,而且不能把学生作为一个整体来看待,必须把每个学生都视为一个单独的个体。想要创造这样的教学环境,就必须每天都问自己这样一个问题:"对这个学习者来说,什么才是最好的学习方式?"个性化教育以及对学生的同理心是创新教学的发端和源泉。

除了要考量如何为学生提供最好的学习方式,我们还要思考学生从我们这里学到的知识会如何影响他们的未来。比如,我问很多教师这样一个问题:"当今世界,对于学生来说掌握哪一种写作能力更重要,是写论文的能力还是写博客的能力?"很多人可能不喜欢这个问题(这也正是问题之所在),但是它会引发我们思考——当下的教育到底需要我们做什么。这不是一个非此即彼的问题,而是一个让从教者思考自己的初衷是什么的问题。我们还应该提出更多问题,引发类似的对于教育的思考。

只要教师以不同的方式来思考谁是教学对象、怎样实施教学等问题,就能为学生创造更好的学习机会。教师不断以"我的任务是什么""我为什么做这个"来拷问自己,对创新来说非常重要。例如,一位英语教师可能思考这样的问题:制作嵌入视频的能力和正确使用作者或者其他资源引文的能力,对于沟通效果来说是否同样重要?由此可能引发他提出下一个问题:是学会如何嵌入视频更有价值呢,还是学会自己制作视频更有价值呢?当然,问题的答案取决于具体情况。关键是这样的问题会引发从教者从不同角度进行思考,迫使我们从学生的个性需求角度来看待教育,改变教师只教自己熟悉的、有把握的教学内容的现状。也许论文写作所需的关键要素对于博客写作来说同样不可或缺。不管是教授一门课程还是一种技能,我们都要思考如何教、教什么、为什么教,这样才能确保为学生提供丰富多样的学习机会。

开放式的创新学习

比尔·弗雷特（@PlugUsIn）是这个世界上最让我欣赏的人之一，他是个了不起的教育家，来自北卡罗来纳州的罗利市。他不仅通过课堂教学不断扩展教育的边界，还经常对其他教师提出问题和质疑，引发大家更深入的思考。比尔在图片分享网站 Flickr 上免费分享自己制作的富有创意的讲义内容，允许他人对自己贴出的内容进行"创意共享"，即任何人都可以对内容进行修改和补充。他制作的内容当中，一个名为"你希望孩子用技术工具做什么"的图表引起了我的注意[11]（见图1-1）。

我分享了他的成果，并将其融入名为"你希望领导者用技术工具做什么"[12] 的博文当中。比尔根据我的想法又制作出一个新的图表（见图1-2）。

在这个简单的案例中，我们首先看到一个发明（比尔的原创想法），然后是修改版本（我在比尔想法的基础上做了修改），这两个版本都是本着创造更新、更好事物的初衷而制作的。创新不是非要创造出一个物理意义上的东西，很多时候，创新只是一个想法。在这个案例中，这两张图表本身不是创新，但制作图表的想法及其应用方式却孕育着创新思维，创新之处在于其自由分享和融汇思想的力量，并且让大家从中受益。我们将在第11章"拥抱开放的文化"中详细阐述更多相关内容。

你希望孩子用技术工具做什么

错误答案
- 用 PREZIS 软件制作演示文稿
- 开设博客
- 创建文字云
- 用 ANIMOTO
- 设计 FLIPCHART 文件
- 制作视频
- 在 EDMODO 上发帖
- 使用白板软件
- 开发应用软件

正确答案
- 提高感悟能力
- 建立人际沟通
- 寻找问题（孩子自己的问题）的答案
- 建立伙伴关系
- 改变思路
- 改变现状
- 付诸行动
- 推动改革

技术只是工具，不是学习成果。

图 1-1

你希望领导者用技术工具做什么

不错的答案
- 发表推文
- 使用谷歌应用（或者365办公软件）
- 写博文
- 使用学习管理系统
- 发布视频
- 给家人发送提醒短信
- 开发一个网站
- 制作电子演示文稿
- 制作电子表格

更好的答案
- 建立关系
- 通过多种途径与社区成员沟通
- 将组织扁平化
- 与本地和世界各地的同行合作
- 改变组织文化
- 向所有人学习
- 公开反思
- 讲一个有感染力的故事
- 发掘个人的学习机会
- 推动变革并且领导变革！

技术只是一个工具，不是领导力的成果。

乔治·库罗斯 创作   比尔·弗雷特 设计

图 1-2

我想用这个案例强调创新不一定非得"新"才行。过去，那些富有创新精神的从教者，比如比尔·弗雷特，即便有非常棒的想法，也没有什么机会与大家分享。其他同事也许只能在偶尔召开的员工会议上，用几分钟的时间听他分享自己的想法。当今科技的发展让创新思想得以在世界范围内迅速传播。目前比尔的图表在网络相册上已经被阅读过 43 000 次之多。试想如果比尔的这些想法通过一对一或者教师会议的方式分享，那得需要多长时间才能让这么多人看到？而科技彻底打破了这些限制。

通往创新之路的简单步骤

有时一个简单的想法却可以改变我们的思考方式。记得我曾经和一位一年级的老师谈论她的教学情况。她说她要求学生通过日记和图画的方式记录植物的生长过程，每周她都会以一对一的方式给学生反馈评价。

明确她的教学目标以后，我们一起琢磨出了一个"一箭数雕"的创新想法。她为学生在图片分享网站 Instagram 上开设了一个账号（instagram.com/pvsgreenthumbs），要求学生拍摄植物生长过程的照片，并在文字框里记录他们所观察到的植物生长情况，通过 Instagram 把图片展示出来。然后她把学生的学习成果在网上展示，老师、家长和身边的人都可以对学生发表的内容进行评论。这位老师通过这次教学实践，成功实现了众包学习。尽管这个项目的学习目标是观察植物的生长过程，但是这些六七岁的学生却通过这个学习过程学会了使用数码技术，也学到了什么内容可以在网上贴出来、什么内容不应该贴出来。

简而言之，这个项目的学习方式就是更新更好的教学方法。在课堂之外向他人学习，且把家长带入学习过程（这样做也改善了家庭学习效果），这种创新的教学实践实际上源于思维方式的转变。这个教学实践足以改变学生的一生吗？当然不能，但它往正确的方向迈出了一步。当我们以不同的思维方式看待习以为常的事物时，就能为教师和学生提供创新学习的机会。

何非创新

苹果公司的广告词"不同凡想"（Think Different）尽人皆知，但是只做到不同不足以称为创新，也不会带来收益。比如，现在很多学校用健康食品替代自动售货机里的垃圾食品。它们的想法是只给学生提供健康零食,学生别无他选,就只能选择更健康的食品了。这个策略的初衷是鼓励学生养成健康的饮食习惯,这本来无可厚非,但是在很多学校,这种做法并不奏效。一些学生根本就不买学校提供的食物,而是跑到学校附近的便利店去买更多的垃圾食品。这种"不同"的做法并没有给学生带来更多益处,结果是学生花了更多钱,却吃得更差了。

在这些健康食品行动中,学校很少考虑学生的意见。如果我们想让学生改变饮食习惯,就必须先搞清他们的饮食习惯是怎么形成的。

为了不同而不同只会浪费时间,结果比什么都不做还糟。简单地用 B 做法代替 A 做法,不仅不能称为创新,而且只会雪上加霜。只有在设定行动目标的同时将个体利益考虑在内,才能设计出成功的创新方案。

进一步思考

约翰·马克斯维尔有句名言,"改变无法避免,而成长却可以选择"[13],这话在很多情况下没错,我们可以选择是否要成长、改变和创新,但是在学校教育中,学生的未来是我们的使命所在,所以成长不能只是一种选择。

改变无时不在。正如我之前所说的,改变让我们有机会去做些了不起的事情。也许我们所能做的了不起的事情就是让成长成为必需,而不仅仅是选择。不仅我们自己必须成长,我们的学生也必须成长。只有这样才能为孩子提供真正的教育。

不能因为拒绝创新,幻想老一套还可以继续撑下去而让教育沦为下一个百仕达。在一个不断变化的世界,如果继续抱残守缺,我们的事业注定会江河日下。学校要成长、要发展,就必须培养创新型思维模式。

讨论问题

1. 可否举一个你认为是创新的案例,并说明它在哪些方面比以前的做法更新、更好?

2. 你是如何为自己的领导力、教学或者学习创造创新机会的?

3. 当今世界有哪些变化不仅让创新变得更容易,同时也是学生需要的?

chapter 2

第 2 章

创新型思维模式

我们不应该把教育视为被赐之物,而应将之视为我们的创造之物。

——斯蒂芬·道恩斯(2010)[1]

真人秀电视系列片《约克郡教育》(Educating Yorkshire)²中的一幕非常令人感动。一位老师将他在电影《国王的演讲》(The King's Speech)中学到的乔治六世（由科林·费尔斯饰演）利用音乐缓解口吃的方法，用在一位有口吃问题的学生穆沙拉夫·埃斯格尔身上。他建议学生在朗读诗歌时听音乐。结果这个方法真的管用了！老师和同学都很惊讶，都没想到这么快就奏效了。后来，据说以前经常被欺负并因为"没有任何话语权"而准备辍学的埃斯格尔，现在可以在全班同学面前大声演讲了。在真人秀现场，师生被埃斯格尔的演讲能力深深打动，热泪盈眶。这位对学生全情关注的老师——伯顿先生，尝试用新办法为这位口吃的学生铺就了一条通往成功的道路，评委为他鼓掌祝贺，他感到无比骄傲。

战胜口吃的埃斯格尔自信心得到了极大提升。他还受邀在一部关于口吃疗愈和演讲能力³的纪录片中担任主角。这一切都得益于他的老师——拥有创新型思维模式的伯顿先生。

选择创新型思维模式

卡罗尔·德韦克是斯坦福大学的心理学家，也是影响广泛的《终身成长》一书的作者。她鼓励从教者把成长型思维模式的观念介绍给学生。她解释道，让学生明白固定型思维模式和成长型思维模式的区别，会激发他们去尝试新事物，即使失败了，他们的思维也会在过程中得到拓宽和加强。

拥有固定型思维模式的学生相信，他们的基本能力、智力、天赋等都是与生俱来固定不变的特质。他们拥有一定程度的特质，也接受这个现实，据此制定非常现实的目标。而拥有成长型思维模式的学生懂得，所谓的禀赋和能力是可以经过后天努力、良好的教育和持之以恒得到持续成长的。虽然他们承认个体之间存在差异，不是所有人都可以成为爱因斯坦，但他们相信任何人都可以通过努力变得更聪明。[4]

我们以弹钢琴为例对两种思维模式进行比较。固定型思维模式的学习者不相信自己有能力学会弹钢琴。成长型思维模式的人相信，通过刻意练习，学会弹钢琴是他们能力所及的事情。正因为坚信这一点，他们付出努力并通过努力得到成长（见图2-1）。[5]

创新型思维模式比成长型思维模式更进一步，拥有创新型思维模式的人关注的不只是人具有学会弹钢琴的能力，还有人能用这种能力去创作音乐（见图2-2）。

成长型思维模式是形成开放性学习态度的基础。但是教育变革以及培养面向未来的孩子都要求我们必须选择创新型思维模式，并将其根植于学生头脑中。我们必须在既有知识的基础之上专心创造新生之物。[6]

创新能力，即创造更新更好事物的能力，是当今所有组织都在努力获取的能力。托马斯·弗里德曼发表在《纽约时报》上的文章"如何在谷歌找到工作"指出，把知识转化为行动要比单纯获取信息更重要。

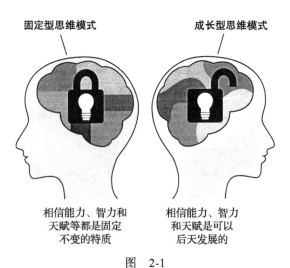

图 2-1

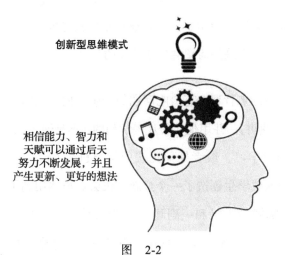

图 2-2

因为人才对谷歌趋之若鹜，不愁选不到人的谷歌便可以跳出传统人才选拔标准的窠臼，比如 GPA 之类的衡量标准。而对大多数年轻人来说，考入大学并且取得好成绩，仍然是掌握诸多职业技能的最好方式……但是必须提请各位注意，学历绝不是你可以胜任任何工作的代名词。**这个世界只在乎你是否能够学以致用，当然也会给予你相应的回报（没人在乎你是如何掌握这些技能的）**。[7]

我们再来看那个有口吃问题的学生。伯顿老师看过电影《国王的演讲》，并用他在影片中学到的（不是通过大学课程、教师职业学习，或者任何正式的学习机会）治疗口吃的方法，为这位学生创造了一个全新的机会。虽然用到了一些工具（一部智能手机和一副耳机），但是他的方法操作起来非常简单。自 1979 年随身听被发明以后，通过个人设备听音乐就已经司空见惯了。所以，他的创新之处不在于他使用了什么技术，而是使用技术的方式。

学会辨识机会，同时为学生创造更新、更好的机会，这一点非常重要。

每个从教者都需要有创新型思维模式吗

简而答之,是的。

原因何在?因为每个教师都要面对这样的困境:为讲授一门新课程或者一个新技能尝试了各种教学方法,可有些学生好像还是学不会。这些对其他孩子适用的教学方法对学习困难的学生根本不奏效。你会放弃这些孩子吗?当然不会!至少我希望你不会这么做。我希望你把这些挑战视为机遇,在现有知识和能力的基础之上,探究未知领域,摸索出可以因材施教的教学素材和教学方法。

同样,经费紧张几乎是所有管理者都要面临的问题,这就要求我们用更少的预算完成更大的产出。创新并非具体之物,而是一种思考方式。作为领导者,我们面临的挑战是用新办法做事,这样才能进步。身处复杂世界,我们需要不断寻找更新、更好的方式解决问题,从而更好地为组织服务。

在框架内实现创新

布拉德·古斯塔弗森(@gustafsonbrad),明尼苏达州一位远见卓识的校长,就是一位在经费紧张的问题上成功破局的领导者。我清晰地记得那次和他一起在密歇根计算机使用者学习协会大会讨论组时的情景。他介绍了他们学校所做的一些创新活动,令人大开眼界。有观众提问:"您是怎么搞到经费的?"

他的回答简洁且睿智:"我们在预算中特别制定了一个叫作'创新'的预算条目,把原来用在其他地方的经费用在了创新上。"布拉德没有到外部寻找资金用于学校的创新活动,而是把学校现有的经费用在了刀刃上。

没有必要自欺欺人。我们都知道,在教育界特别是公立学校,经费向来都不宽裕。这就逼着我们在学校的创新活动中转变思考方式,不要在我们无法企及的框架之外寻求创新,而是把精力放在如何克服经费困难,以及在现有条件下实现创新上。就像布拉德一样,在有限的条件下发现解决问题的新办法。这个被教育管理者采用的"框架内创新"模型其实对所有从教者来说都至关重要。

哪种失败是我们愿意接受的

"失败是创新的重要组成部分"已经成为人们的口头禅。从某种意义上说这是事实。可是,这个思路会让我们站在本末倒置的角度上看问题。那些强调失败是创新过程的重要一环的人,似乎把重点放在了失败上。他们会祭出詹姆斯·戴森发明戴森吸尘器的故事,说他"花了15年时间尝试了5126个版本才最终取得成功"。[8] 尝试、失败、再尝试、再失败当然是戴森发明吸尘器的真实过程,但是,如果他最终没能成功,那么没有人会记得詹姆斯·戴森这个名字。你还能说出几个其他吸尘器品牌?也许一两个。但是你能说出几个没有成功上市的吸尘器品牌呢?当然一个都不会有。

允许失败当然重要,但是创新过程中百折不回和坚韧不拔的品质则更为重要。百折不回是一种越挫越勇的能力,坚韧不拔体现的是刚毅果敢的品格。

举个例子。最近一位教学指导和我谈到了她与一位老师合作时的困惑。这位老师尝试用一种教学方式帮助一个学生,但是没能成功。教学指导问她是否尝试过其他办法,她说没有。于是教学指导非常懊恼,认为这是一个典型的幻想"一步到位"的案例。后来我们在小组讨论时专门讨论了失败的意义,讨论了为什么从教者可以接受失败。讨论到这里,我马上问那位教学指导:"你是否觉得你之前跟我说的那件事是个创新失败的案例呢?"她回答说:"是的。"我又问:"你能接受这个结果吗?"

她果断答道:"不能。"

这就是问题的关键。尝试各种办法并为学生寻找解决问题的途径,是创新型思维模式的组成部分。但是把失败视作最终结果用在学生身上,却是我们绝对不能接受的。

记得我刚开始教学工作的时候,认为学生应该按我教的方法学习,适应我的教学方式。但事实证明,我的想法大错特错。一位好老师应该学会不断适应学生的情况,而不是反其道而行之。这就是为什么百折不回和坚韧不拔如此重要。明白失败不可避免,却不会接受失败是最终结果,这是我们服务学生最根本的前提。对 A 学生有效的教学方法可能对 B 学生根本不起作用。作为领导者,我们需要培育一种尽一切所能确保所有学生都能得到最好教育的文化。

试想你把一大笔钱交给一个投资者,结果投资失败,你失去了所有本金。这个投资者对你说:"投资失败是正常的。"尽管这话似乎有些道理,却不能说服你。如果这个失败发生在学校教育上,我们损失的就不只是金钱了。回想那位有口吃问题的学生,他的老师伯顿先生就是抱着愿意尝试新事物和新方法的开放心态,去实现他的最终目标——找到一种能够让他的学生成功的方法。简而言之,创新型思维模式就是:尝试、失败、再尝试,直至找到解决问题的路径和方法。

创新绝非始于提供答案，而是提出问题，而且问题必须从我们的服务对象的角度提出才叫创新。经常有这样一个认识误区：一个人在组织里地位越高，他所服务的人也就越多。正确的理解应该正好相反：一个人服务的人越多，他在组织里的地位就越高。真正的创新应该是问题驱动型的，教育领域也不例外，因为我们服务的每个社区、每个人都是独一无二的。以下问题可以视作创新的出发点。

创新型从教者面临的关键问题

我想成为自己课堂上的学习者吗

在为教师创造职业学习机会的时候，我发现满足教师的要求和期望并不是件容易的事。因为他们希望把职业学习的环境复制到自己的课堂上，另外他们时间有限，所以对职业学习有很高的期望值。教师工作繁忙、时间宝贵，如果职业学习不能提供与教学相关度很高的体验和技能，不能对学生的学习带来较大影响，很多教师便会放弃这些学习机会。

举个例子，如果职业学习的内容就是要求教师完成相应的作业题，很多教师肯定会觉得无聊透顶。可是很多时候我们就是这样对待学生的。因为这种做法简单省事，或者只是因为这么做是惯例，根本就没有考虑什么才是对孩子有益的学习方式。我们应该站在学生的角度去考虑：他们的学习体验与现实生活是否建立起了联系，是否能够帮助他们更好地与人沟通？我们为学生创造的学习体验是否与我们期待的结果一致？我们要从学生的角度来考量学习体验，同时设定更高的目标，为学生创造更多的学习机会。

怎么做对学生最好

回答这个问题时，不仅要把班级作为一个整体来考虑，还要充分了解每个学生的情况，看看他们都适合什么样的教学方式。因为学生情况各异，所以老师要经常问自己这样的问题："哪种学习方式最适合这个学生""学生可以用什么方式展示他们学到的知识"。这些问题非常重要。比如说，对那些希望分享自己某门课程学习成果的学生来说，是否需要每次都用文字写下他们对课程的理解？他们可否通过制作视频、分享播客、制作图表，或者其他方式来分享自己的学习成果？

这个学生对什么事最有热情

记得我上学的时候，老师要求我们一本接一本地读小说，可是我对老师布置的书单毫无兴致。我喜欢非小说类书籍，但是学校从来不要求我们读这类书籍。让我读小说比登天还难。如果让我自己选择，无论什么时候，我都会选择直奔图书馆，读遍每一本能够找到的《体育画报》。那种渴望和热情深深融入了我的学生时光。

作为教师，我印象中最棒的体验便是"自我展示日"。那一天，孩子通过展示成果或者演讲的方式，兴趣盎然地分享自己的课外兴趣。作为教师，我们其实有能力将学生的兴趣融入教学当中，为学生创造更好的学习体验。要做到这一点，我们需要更多地了解学生，了解他们真正的喜好。

通过什么方式才能创建一个真正的学习社区

记得有人曾问过这样的问题："为什么放学以后孩子仍然精力充沛，而老师却已筋疲力尽了呢？为什么不是相反的情况呢？"答案是，我们设计的学习体验，让整个学习过程过分依赖于老师的作用。解决这个问题最有效的办法就是师生互学、取长补短，不要仅仅依赖于老师的知识。课堂上老师可以通过使用博客、Edmodo、谷歌应用、Twitter等工具给学生提供互相学习和交流的机会。接受教学相长的理念，相信师生在课堂上兼具老师和学习者两种角色，才能创造一个互教互学的学习社区。

如何让这种理念使学生受益

早年刚刚从事教学工作的时候,我一直坚持在学年末让学生反馈教学效果,这么做可以帮助我在教下一批学生的时候提高教学水平和教学效果。但是当年的反馈意见对当年班级的学生起不到任何作用。其实,更好的做法应该是,让教学反馈意见贯穿一年始终。反馈不是根据学生的成绩,而是采用与学生谈话的方式。另外,允许学生进行匿名评价,确保学生不会因为说出了自己的真实想法而感到不安。常态性反馈可以帮助我们持续反思为学生服务的真实效果。

进一步思考

我们是否知识渊博,体系是否富有效率,学生考试成绩如何,这些都不是衡量学生是否成功的尺度,当然也不是衡量我们自己成功与否的尺度。正如弗里德曼所阐述的,衡量成功的标准是"是否能够学以致用"。信息浩如烟海,这是现实常态。但是教育体系目前急需却没有成为常态的,是创新型思维模式,即如何利用现有信息为学生创造更多机会的思维模式。

创新型思维模式始于对学生的同理心（这也是以上问题如此关键的原因所在）。对创造新事物的渴求也同样重要。要满足学生对知识的渴求，就必须抛弃"我们一直都这么做"的旧观念，为他们创造比我们自己当年更好的学习体验。这并不是说要抛弃过去的一切，而是需要我们用发现的眼睛去看待自己从事的工作，并且不断提出质疑："有没有更好的方式？"作为从教者，我们也希望我们的学生同样具有这样的思维模式，因为这个问题是通向未来教育之路的第一步。

讨论问题

1. 无论校内还是校外，你见过哪些克服经费困难，成功实现创新的案例？请举例说明。
2. 你认为哪些问题对于真正了解我们的服务对象至关重要？
3. 如果你从零开始兴办一所学校，你想把它办成什么样？
4. 如何利用现有资源优化社区的教育体系？

chapter 3

第 3 章

创新型思维模式的特征

第 3 章 | 创新型思维模式的特征

技术进步和学习方式的改变如江水浩荡，奔流向前。一个离开工作岗位三年的教师重新执教时会感觉时光已流过30载。难怪当丽莎休完三年产假回到教学岗位时，感觉自己已经被甩在后面，特别是当她打开高射投影仪的时候，这种感觉更加强烈了。丽莎·琼斯是一位很有成就的高中老师，在多伦多附近的皮尔学区工作。

就在几年前，高射投影仪在教育领域还是不可或缺的仪器，但是在打开自己为有丝分裂课准备的幻灯片的那一刻，丽莎突然意识到使用投影仪和幻灯片上课简直无聊至极。她以前上课所用的教学方法根本不能满足目前学生的需求。

丽莎和我讲了她的担心。我知道她想做得更好。她清楚地意识到如果自己是学生，会非常不喜欢这种用传统方式讲授的有丝分裂课程。她不想因自己还没有掌握现代技术而阻碍自己和学生利用新技术学习知识的机会。我问她下一步打算怎么做，并且推荐她考虑利用 Twitter 的话题标签功能，在科学聊天室（#scichat）话题下与其他科学教师沟通交流。因为她没用过 Twitter，我给她推荐了一个视频——"Twitter 60 秒"，一个帮助教师快速学会使用 Twitter 的入门教程。

一个星期以后，丽莎发给我一条推文："@gcouros 是你鼓励我以这种方式教授这门课程——这是其中的一个成果！"[1]

她还同时发给我一个 YouTube 链接，是她的一个学生制作的视频"有丝分裂 60 秒"（见图 3-1）。

丽莎在这么短的时间里取得如此进步很令我吃惊。因为渴望为学生创造更新更好的学习体验和学习模式，她不惜冒险一试并且取得了成果。看了"Twitter 60 秒"之后，丽莎把视频放给学生看，并且问他们："你们可以参照这个视频做一个有丝分裂的视频吗？"尽管丽莎对自己能否做出这个视频没有把握，但她知道技术上的事学生可以搞定，没准她还可以跟学生学学呢。虽然丽莎讲授的内容和以前一样，还是有丝分裂，但是因为她采用了创新且有效的方法，所有学生都通过了这门考试。她说所有学生全部通过考试还是头一回。

第 3 章 | 创新型思维模式的特征

图 3-1

丽莎的经历说明，我们不必因为害怕达不到预期结果以及受自身条件的限制而放弃创新。在这个案例中，用更新、更好的方法教授一门既有课程，和我们在前一章提到的"框架内创新"是同一个道理。我相信，一个优秀的从教者有能力突破既有的条件限制，为学生创造创新性的学习机会。事实上，我们也确实需要这么做。

我相信大多数从教者都想为学生创造参与性强、效率高的学习体验，以达到理想的学习目标。没有哪个教师一觉醒来会对自己说："我迫不及待想去上班，去做个平庸的教师！"

通过不断与教师交流,我了解到,他们很想为学生做些有价值的事情。但目前教师面临的问题是,要求他们做的事情太多了。我听到很多管理者说:"教师根本不想改变!"我相信,不是教师不想改变,而是因为领导者没有给予明确的指导和支持,削弱了教师的创新意愿。在教育领域,一个高效的领导者不会将教师的成长视为从某一点到另外一点的机械位移,而一定是从 A 点到 B 点的提升。

所谓领导者的创新型思维模式,就是站在对方的角度进行管理——与人们见面交谈,帮助他们发现问题,寻找解决方案。作为教育创新导师,如果我告诉丽莎,她最好能利用现代科技进行教学,或者要求查看这门课某次考试的成绩,她很可能会像很多老师一样,感觉自己是被迫按领导的要求做事,于是更倾向于死守旧法,听天由命,从而造成那门课低效乏味。相反,我站在丽莎的角度去理解她希望达成的目标,并且为她提供可以借鉴的教学模式,鼓励她为学生创造全新的学习体验,收到的效果截然不同。

创新型思维模式的八个特征

我总结了创新型思维模式的八个重要特征。这些特征不仅适用于教师，也适用于所有教育从业者。[2] 我们在分析这些特征的时候，心里要想着丽莎是如何在她的教学实践中诠释这些特征的。(非常感谢西尔维亚·达克沃思（@sylviaduckworth）用生动的图示对这些特征进行的阐释和说明（见图 3-2）[3]。)

1. **具有同理心**——我在上一章提到，从教者对教师职业学习的成果寄予很高的期望，因为他们重视学生的学习体验，希望每天都能为学生创造富有成效的学习体验。高期望值不但无可厚非，而且还要好好加以利用。我经常要求教师思考这样的问题：**你希望成为自己课堂上的学习者吗?**

具有同理心的教师不是从自己的角度，而是从学生的角度出发思考教学氛围和学习机会。比如说丽莎，她明白采用以前的方式讲课，很难与学生实现有效互动，很难让学生真正领会教学内容。以前的方式对丽莎来说简单、熟悉，却不能满足学生的需求，无法调动起他们的兴趣。于是丽莎将原来以教师为中心的教学模式，改为以学生为中心的教学模式。通过改变自身角色，丽莎成为教学活动的设计者，她的学生则通过自己的努力达成了学习目标。

创新型思维模式：
相信能力、智力和天赋可以不断发展，能够创造更好的想法。

创新型从教者具备以下特征：

图 3-2

正因为丽莎愿意与学生建立这样的关系,她才有机会真正了解学生。她知道虽然有些学生不一定愿意把学习过程制作成视频,但至少有能力而且喜欢做多媒体视频。通过将学生的兴趣与教学活动有效融合,丽莎设计了这个极富创新的学习体验。

2. **发现 / 解决问题**——多年来,学校教育通常采用的做法是,要求学生以线性方式,以固定的步骤回答或解决问题,而现实世界的问题既不是按既定步骤出现,也不是线性的。现实世界复杂多变,需要综合各种因素才能找到相应的解决方案,有时需要进行很多次尝试和不断修正,正确答案也往往不止一个。但是解决问题只是学习的一部分。教育思想领导者尤安·麦金托什强调,"发现"问题才是学习的根本,当我们急于把问题抛给学生的时候,恰恰使他们错过了发现问题这个关键步骤。

当前的教育领域,人们疯狂追捧问题导向的学习,但是偏离了航向。我们只热衷于帮助年轻人学会解决问题,却没有认真思考如何培养他们发现问题的能力。[4]

在丽莎采用的教学方法中,我们可以看到一些发现问题的教学元素。尽管没有人要求她必须采用不同的方法进行教学,但她意识到学生的学习体验不够深入,而且感觉到一定有什么地方不对头。她建议学生可以通过制作视频来学习课堂内容，同时允许他们自由探索其他有效的学习方式，并分享学习成果。她还激励学生自己琢磨，独立制作演示文稿。

通过案例分享教会学生自己主导学习过程，同时对能够提高教育效果的方法进行持续评估，有助于提高学生的学习效率。只有我们不再简单地告诉学生应该如何学习，而是作为"身边的导师"引导他们学习，鼓励他们独立解决问题，才能实现对学生真正的支持和帮助。

在学生的成长过程中，有时需要教师在前面引领，有时则需要我们在旁边默默支持，抑或干脆退到一旁。随时了解学生的需求，根据不同学生的具体情况采用有针对性的教学方法，才是正确的方法。

3. **敢于挑战未知**——创新教学需要挑战未知。如果我们想为学生创造新的机会，就应该承认，我们尝试的方法并不一定适用于所有学生。老实说，事实的确如此，很多大家熟知的所谓"最佳做法"对很多学生来说并不适合。为什么明明知道我们的尝试可能会影响学生的未来，却还要继续挑战未知呢？答案其实就藏在问题里。要确保满足每个学生的独特需求，我们就必须挑战未知。有些学生对某些学习方法接受得不错，而另外一些学生则需要其他方法或模式。比起尝试探索新的教学方法,为每个学生找到最好的学习路径,维持现状可能更安全,但是这样做可能会给学生带来可怕的后果。

当我们考量未知的风险时,不应该只去质疑那些没有效果的做法,还要对所谓的"最佳做法"提出质疑。丽莎本可以在教学中继续使用高射投影仪和幻灯片,一部分学生也会把作业完成得非常漂亮。但是他们是否真正理解了相关概念并且能够正确应用呢?他们是否只是机械地重复相关信息呢?很多时候,我们只是让学生适应并习惯"上学"这件事,在安排好的学习环境中,很多学生害怕接受其他方式的教育(或者评价),他们当初可是初生牛犊不怕虎啊。幼儿园的孩子好奇心多强啊,他们刚来幼儿园的时候总有问不完的问题!我敢保证没有哪个小家伙想跟老师要份作业来做,是我们的教育让他们变成了现在的样子。如果我们真心服务学生,帮助他们成长为当今乃至未来的领导者和学习者,就要在教育实践中接受一些挑战,这样不仅鼓舞人心,而且大有必要。

拥有创新型思维模式的从教者可以在汲取过往经验和探索全新路径之间寻找到平衡点。苹果公司在创业之初只生产高品质电脑,并一直将电脑作为主营业务,但是公司管理层偏要冒着风险去开发 iPhone——当然也正是 iPhone 引领苹果公司走向更大的成功。这些所谓的"风险"也孕育了很多其他成功的业务,包括苹果商店、平板电脑和苹果手表。丽莎也一样,她的学生的成功源于她最初的冒险做法,而这些做法引发了更多的创新想法。重要的是,她能够充满信心地追问自己:"是否有更好的方式来满足学生的需求?"

4. 建立人际网络——人际网络是创新的关键因素。科技杂志网站 CIO.com 的作家汤姆·凯恩斯说:"每一个想法的产生本质上都源于千万种想法的汇聚和碰撞……当你营造一个允许各种偶发思想交汇、碰撞的环境时,创新想法会更容易产生。"[5]

频繁沟通交流的环境可以让大家变得更聪明,演员都聚向好莱坞,歌手在纳什维尔扎堆,科技新贵都在硅谷定居就是这个道理。在这些人际网络中,相同兴趣爱好的人在一个地区聚集,创新自然而然就产生了。

虽然面对面的人际交往在教育领域仍然是非常关键且有价值的因素,但如今社交媒体也成为思想传播的重要平台。知名教育演说家兼作家斯蒂芬·安德森说:"独自一人,我们可以聪明,众人一起,我们可以追求卓越。"人际网络可以让我们分享创意,理清思路,产生更新、更好的想法。

我们之所以不断跟学生强调"学习过程中要与别人分享",是因为我们知道分享对于学习的重要意义。如果我们自己能够践行我们对学生的要求,那么我们就会在分享中受益无穷。写博客是分享学习过程的方式之一。你可能会想:"我又不是作家,能写好博客吗?"想想看,如果有机会在全球范围内分享自己的想法,是否会促使你对自己将要发表的作品进行更加深入的思考?克莱夫·汤普森在一篇网络"怪"文"为什么最差劲的博主也能让我们变聪明"中,解释了为什么拥有读者和观众可以提高学习效果。

> 拥有观众可以帮你理清思路。如果你的某个观点只在自己的头脑中演练,这不是什么难事,而当你真正面对观众时,你的观点必须具有绝对的说服力。
>
> 当知道有观众在观看时,我们的表现就会不同,社会学家称之为观众效应。当然,观众效应不一定产生积极的影响。在真实的一对一环境下,比如体育赛事或者音乐会,观众效应可能会让运动员或者演奏者表现得更出色,但有时也会令他们情绪紧张,甚至失语。

研究还表明，与他人沟通的压力迫使你投入更多的注意力，并且进行更多的学习。[6]

当教师通过合作进行学习并将新的教学策略付诸实践时，创新（以及对创新的享受）便会开枝散叶，在组织内迅速成长。而单打独斗往往是创新的天敌。

5. **善于观察**——我们再来回顾一下丽莎和她学生的故事。丽莎先是在社交媒体上与其他教师取得联系。她特地在Twitter上通过话题标签的科学聊天室话题找到其他对科学课感兴趣的教师。虽然关于其他教师激发学生潜能的信息都是通过社交网络看到的，但是让学生制作"有丝分裂60秒"视频的想法受到了"Twitter 60秒"的启发。所以说，人际网络最有价值的地方有时不是哪个具体的创意，而是尝试新事物的灵感和勇气。

如今，教育思想的灵感不仅仅源于教育领域。许多从教者从谷歌、联邦快递、YouTube视频，以及TED演讲（TED一词是科技（technology）、娱乐（entertainment）和设计（design）三个英文单词的首字母缩写）中汲取灵感。企业家、记者兼出版商克里斯·安德森是TED演讲的组织者和策划人，他把网络视频的学习效应称为"群体加速的创新"[7]（我们将在第 11 章进一步探讨这个话题）。正因为克里斯倾力将那些优秀的演讲通过视频在世界上广为传播，成千上万的人才能听到诸如肯·罗宾森爵士和丽塔·皮尔逊关于教育的演讲。当然，这些演讲不仅仅局限于教育领域，TED 的演讲者来自各个领域，比如丹尼尔·平克（关于学习动机的演讲）、巴里·施瓦茨（分享关于智慧的思想），还有苏珊·凯恩（关注内向性格的力量），他们的演讲对全世界的从教者都产生了深远而广泛的影响。

那些在网上免费分享却非常有效的想法和信息，为从教者拓宽了为学生学习创造机会的边界和维度。乔希·斯坦宾浩斯特便是其中的一位践行者。看过丹尼尔·平克的 TED 演讲之后，他又阅读了丹尼尔撰写的关于学习动机和学习自主性等相关话题的资料，为学生创办了"创新日"活动。学生在这一天自主提出想法，并将自己的创意和发明付诸实施。"创新日"活动非常成功，学生甚至在活动之后的那个周六也来学校继续学习。如果乔希不愿从教育领域之外的思想中汲取营养，并将其与学生的需求有机结合，这个富有成效的学习机会就不可能产生。

我有这样一个梦想，那就是在教育领域建设一种创新文化，与世界分享我们的创意和想法，其他领域的各类组织因为受到我们的启发而产生创新动力。而目前的情况与我梦想的情况刚好相反。

灵感随处可见，而且经常出现在意想不到的地方；你只需时刻睁大双眼，就能发现灵感。

——佚名

6. 勤于创造——每个人都在消费信息，但消费信息和学习不能画等号。"加速学习中心"网站是这么说的：

> 学习是创造，不是消费。知识不是学习者吸收了什么，而是学习者创造了什么。只有当学习者把新学到的知识和技能与自身储备的知识充分融合时，学习才真正发生。从本质上说，学习是在大脑和身体内产生新的意义、新的神经网络、新的电子或化学反应。[8]

对于丽莎来说，她教学中最大的变化，就是从以教师为中心的指导式教学转变为以学生为中心的创造式教学。

尽管很多学生可能已经能够复述课程内容，或者分享他们对有丝分裂相关知识的理解，但是丽莎希望他们真正理解并且记住这些知识和概念。制作视频让学生和知识信息产生一种私人连接，这是深入学习的关键所在。从教师的角度看，丽莎关注的是通过生发新的想法让学生自己创造出新内容和新知识。所以创造才是关键。

在电子资源和信息铺天盖地的今天，培养创新文化，反对对信息的单纯消费显得非常重要。在"翻转课堂"日渐流行的当下，引入创新思想变得更加迫切。所谓"翻转课堂"，就是学生可以通过在家看视频或者其他方式自主学习，在学校完成"家庭作业"。关键之处在于，在传统教学中，不管是通过教师讲授还是看视频来学习新知识，都是对知识的简单消费；通过"翻转"，学生不再只是观看视频，而是自己动手制作视频，并在制作视频的过程中掌握知识，实现教学目标，并且能够与他人分享学习成果。如果"创造"成为必需，学生和我们自己的学习会不会更加深入呢？

7. 塑造坚毅的品质——我喜欢那句古话，"言其不能者勿扰身践其行者"。如果创新的从教者都可以不被那些无聊的纷扰打搅该有多好！

拥有创新型思维模式的从教者，经常因为创新而被质疑。多数人宁可选择平庸，也不会去做未知之事，因为这让他们感到安心。尽管未知之事蕴藏着无限可能，却令他们惴惴不安。创新者经常被诸如"不要把孩子和洗澡水一起倒掉"

的评论打击和挫败，实际上这种异议是畏惧情绪的遮羞布。明白了这一点，创新者就要做好艰难前行的准备，时刻准备承担不被认同的风险。

丽莎所冒的风险包括被同事质疑她的做法是否越界，这么做是否明智；相关管理人员担心，学生在 YouTube 上分享学习成果是否会带来潜在问题（尽管很多学生已经在 YouTube 或其他媒体平台上发表过东西）。

任何新生或者不同的事物似乎都令人望而生畏。我的体会是，当你在考虑向前进发时，一定要关注"怎么做对学生最好"这一问题，从而确保你做出的决定是正确的。

除了同事的担心之外，你的新想法可能还面临来自学生的阻力。我们之前说过，许多学生已经非常适应目前的教育方式，任何有别于传统的做法都会令他们心生畏惧。其实学校教育很容易沦为一份学习任务清单（完成作业、通过考试、掌握知识要点、达到毕业要求等）。相较于多项选择题，那些创造性学习和需要建立人际网络的学习，显然既费时又费力。但是，如果我们不在学生的学习过程中加入更多挑战，他们将来就没有能力去面对复杂的现实世界。没错，倾听学生的意见并及时反馈他们的诉求确实重要，但是帮助他们塑造百折不回、勇于面对逆境的品质也同样重要。学校提供了一个安全之所，让学生不断挑战自我、拓宽思维边界，鼓励他们不断尝试，如果失败了，就再去尝试。

坚毅的品质不仅仅是创新者的必备素质，更是所有人都需要具备的能力。生活无常，具有从失败的阴霾走出并继续前行的能力对于学习方式和生活态度的形成尤其重要。当你的创新思想不断拓宽现有规则的边界时，一定要坚定信念并且充满激情。如果你自己都不相信自己的想法，又如何指望别人相信呢？

8. 善于反思——无论是创新活动还是教育活动都需要反思，所以我们需要格外关注这个特征。反思对于创新过程尤为重要，因为它能确保我们提出的问题是有价值的，比如，哪种方式奏效？哪种行不通？我/我们要在哪些方面进行变革？我提出的哪些问题有了进展？

对我们的努力方向、取得的进步以及学习过程不断提出质疑，是创新的关键。通过持续回溯学习过程，我们可以发现哪些地方需要调整、修改、重复，甚至推倒重来。回头检视是抬头前行的基础。作为从教者，我们通过反思与外界建立联系，进一步深化学习。

在教育过程中，我们是否能够做到经常在学习过程中进行反思？很多学校都以不同形式发起了"放下一切，开始阅读"活动,鼓励学生阅读,吸纳现有信息。但是也有一小部分学校鼓励学生或教师"放下一切,进行反思"。如果我们每天能够抽出一点时间,对我们的学习成果及其如何影响下一步工作进行反思,会有怎样的收获呢?

创新型思维模式如何影响学生

如果一所学校没有具备创新型思维的教师,而我们却希望这所学校的学生成为创新者,那么这个"希望"只不过是个美好的想法而已。如果我们不在组织或社区内去塑造这些创新的品质和意愿,我们的学生又怎么会尝试改变呢?他们当然不会。

创新不能画地为牢。我们使尽浑身解数让学生走出舒适区,却把课堂教学的主动权交到教师手里,这样根本无法培养出以不同方式思考的学生。有一点非常重要,即我们要学会什么时候充分参与,什么时候退到一旁,要允许学生独立寻找适合自己的学习方式,必要时为学生创造这样的机会。

在 YouTube 或者 Vine 等社交平台上,你会看到现在的学生制作的东西,我们年轻时甚至连想都没有想过。每当我看到这些令人惊叹的创作时,都禁不住产生疑问,学生的这些创新想法,究竟是学校的功劳还是学校创新教育的缺失?我们从教者的作用就是推动学生成为创新者,让他们自己承担学习和领导的责任。

榜样的力量是无穷的。

——吉米·卡萨斯

作为领导者,我们不能要求别人创新,而自己却不思变革。我们应该把我们希望教师和学生具有的品质,体现在自己的工作当中。作为校长,我不会重复我的前任做过的事。我经常问自己这样的问题:"我自己是否愿意成为我作为校长的社区中的一员?"这种同理心让我总是站在教师的角度考虑问题。我从前任校长那里传承了很多东西,但必须承认,也同时摒弃了很多东西,因为这些东西是我当教师的时候就很讨厌的。我自己都憎恨的东西,我的员工凭什么会喜欢呢?

与丽莎一起工作的经历提醒我,从教者不惧变化,但是他们在冒风险时,会感到没有得到足够的支持。管理者必须明白,真正得到支持和感觉得到支持是两码事。管理者经常鼓励员工去冒险创新而自己却不去尝试。公开冒险和冒险也是不一样的，公开冒险是让你的同事看到你想尝试新事物，想做一个创新者。同样的道理，如果管理者冒了风险却没人看见，别人怎么从中吸取教训？他们很可能做不到。不管在什么岗位，管理者只有让别人看见他们敢于冒险，愿意承受失败，并且能从失败中站起来，然后重新来过，百折不回，才更有可能对变革产生影响。

一种全新的思考方式

在准备本章内容的时候，我又跟进了一下丽莎目前的情况。她告诉我由于思维方式发生了变化，她和学生的一切都发生了变化。尝试新事物并且能够体验成功的感觉，让她开始重新思考教学工作。从丽莎的经验中，我们学到的关键一点就是，创新不一定改变已有的一切，有时你只需要改变一件事情，便可以获得全新而且更好的学习机会。

进一步思考

在我们即将结束本章之际，我想跟各位分享一下我称之为"创新型从教者箴言"的内容：

我是一个从教者。

我是一个创新者。

我是一个具有创新意识的从教者,我不断拷问自己:"什么才是对学习者最有利的?"我要本着这样的同理心,为学生创造和设计学习体验。

我相信我的能力、智力和天赋可以通过后天努力而不断发展提升,从而产生全新的、更好的想法。

我意识到教育过程中困难在所难免,但是,作为一个创新者,我要对今天可能达成之事全力以赴,并以此为基础,推进明日之目标。

我要运用所有可用的工具,不断探寻更新、更好的途径让自己成长、进步,并且分享我在学习方面的创新想法。

我不仅要关注自己在哪些方面能够提升,还要明确自己在哪些方面拥有优势,并且尽量发挥自身优势,激发他人潜能。

我要避免故步自封,要在已有知识的基础上,以开放和主动的态度,不断汲取新知识,持续提出问题,不断取得进步。

我要进行批判性思考,敢于挑战任何想法,无论对自己还是对学生，都不能把"这是我们一直以来的做法"作为合理的托词。

我要以他人为榜样，提升学习力和领导力。我要敢于冒险、尝试新事物、发现和探索新的机会。

我要鼓励别人在学习中勇于冒险，并且让大家知道我也愿意冒险创新。

我相信自我封闭是创新的敌人，我要学人之长，为自己和他人创造更好的学习机会。

我要与世界各地的人建立联系、交流沟通，不管远近，不分人群，了解他们的想法，融合他们的思想，结合自身的职业判断，将其应用于我所在的社区，满足学习者的需求。

我相信自己的想法和经验，也相信别人的想法和经验，因为他们对于推动教育进步至关重要。

我之所以愿意分享，是因为我创造的学习方式以及我积累的有益经验可以帮到他人。分享可以迫使自己思考，分享可以影响世界各地的学习者，无论长幼。

我要倾听不同的声音，了解不同的观点，因为我懂得众人智慧的力量远胜于个人智慧。无论在何种情况下，我都愿意向其他人学习。

我要不断反思自己的学习,因为我知道只有看清过去才能走向未来。

如果我们所有人都拥有这样的思维模式,可以想见我们的教育会发生怎样的变化。

讨论问题

1. 如果改变目前的学习体验,可能会给你带来哪些风险?
2. 如何营造培养冒险精神的学习环境?
3. 在目前的学习和工作中,你是如何展现自己的创新型思维模式的?

THE
INNOVATOR'S
MINDSET

第二部分
奠定坚实的基础

我们在第一部分讨论了创新的重要性、含义以及表现形式等关键内容。然而，如果不付诸行动，再美好的愿景也无任何意义可言。

第二部分将重点讨论如何在你的学校或学区，为塑造学习文化和创新文化创造条件。我们将从如何在组织中建立稳固的师生关系入手。如果没有这种关系作为基础，一切将无从谈起。之后探讨为什么领导者必须坚持持续学习，才能成为真正的创新者，从而进一步考察为何从鼓励积极参与转变为激发创新潜力，能让所有学习者受益。最后，我们鼓励所有成员都参与到重新制定组织愿景的过程中。只有通过共同努力，才能为学习者创造更好的机会。

chapter 4

第 4 章

建立稳固的关系

我们需要建立更多将人文关怀当作头等大事的组织。作为组织的领导者，要保护组织成员的权益，同时，组织内的成员之间要相互保护，从而共同推动组织进步，这是我们的唯一责任。作为组织成员，如果领导者毫无作为，我们就要有足够的勇气相互关照。如此，我们自己便成为我们心目中期待的领导者。

——西蒙·斯涅克[1]

你可能有过这样的经历：你对一家公司的做法感到生气，于是拨打公司的免费电话，想找个人反映情况，希望解决问题。你想跳过设定好的录音服务，和一个真人接线员通话，所以按下"0"键。（没人想在烦躁的时候再听一个机器唠叨。）于是你在线上等待，好不容易等来了接线员，他说"很高兴为您服务"，但是告诉你能解决问题的只有"经理"本人。于是你在线上继续等待经理驾临，等的时间越长，你就变得越焦躁。最后终于等来了经理，这时你的期望值会同时经历升高和降低两种状态：期望值升高是因为你已经在这件事上浪费了太多时间，期望值降低也是因为你已经浪费了太多时间。如果有其他选择，你肯定会马上弃这家公司而去。

这是生活中再平常不过的场景了。那些处理顾客投诉的客服人员没有权力帮顾客处理具体问题，而这种无能为力不是客服人员的错。这是领导的问题。这些公司没有赋予客服人员正确处理事情的权力。

所幸，有些公司懂得赋予员工适当权力的重要性。最近，我在星巴克（坐在那儿写这本书）买了一种叫作"蛋白质套餐"的餐食。我咬了一口鸡蛋，感觉不怎么样，便立即起身到柜台，跟他们说明了情况。接待我的店员（不是经理）把鸡蛋钱退还给我，还让我任选一款食品——免费。店员的这种做法不仅解决了我的问题，也让我对星巴克的忠诚度进一步提高了。这是我愿意光顾星巴克的原因之一，也是星巴克一直以来都被评为最棒雇主的原因之一。[2]

但是这和创新有什么关系呢？

关系太大了。

如果没有人愿意相信你的常识性判断能力，你还有什么动力去冲破条条框框的限制，大胆创新呢？

领导力专家、《信任的速度》作者史蒂芬·柯维解释了为什么信任或者缺乏信任会对公司经营产生重要的影响。他的观点同样适用于教育领域：

> 在公司内部或者任何关系中，当信任度很低时，就会在每次处理事务的过程中产生一个隐性的"税

费"：每次沟通、每个互动、每个战略、每个决定，所有事务都难逃其"税"，从而造成效率降低，成本上升。我的经验是，严重缺乏信任会使成本增加一倍，时间消耗增加两倍。那些建立了高度信任机制的组织或个人的情况正好相反——不仅没有产生所谓的"税费"，而且实现了"利润分红"，能够以惊人的效率成功实现沟通、互动和决策，达到事半功倍的效果。华信惠悦咨询公司（Watson Wyatt）最近的一项研究证明，那些建立了高信任度机制的公司要比那些信任度低的公司效率整整高出两倍！[3]

作为教育领域的领导者，我们的任务不是控制我们的服务对象，而是释放他们的才能。如果我们将创新视作教育领域的头等大事，就需要塑造一种信任文化，而且组织的最高层面必须率先垂范，这样教师才能在课堂上培养信任文化。这也意味着，作为领导者，在某些情况下我们要在教职员工"赢得"信任之前，选择相信他们。在你和别人真正建立关系之前就选择相信他，其实并不是件容易的事。

当你思考自己作为领导者应该发挥什么样的作用，以及你所在的学校或学区有怎样的信任水平时，先尝试回答以下几个问题。

- 人们在做一件事情之前,是否必须经过我的批准或者指导?
- 我是否创造了这样一种文化:鼓励或者希望人们为创新而冒些风险?
- 如果我们学校做了件很棒的事情,我是否在组织内外大力宣传这件事?

这些问题关乎创新,也是"创新文化"建设过程中建立信任关系的重要因素。建立信任关系是创新的关键所在,这也是为什么我不断强调,教育领域最重要的三个词就是:关系、关系、关系。离开关系,一切便无从谈起。

扼杀创新的力量

马特·戈麦斯是一位颇具创新精神的幼儿园教师,来自得克萨斯州。2010年他在Facebook上建立了个人主页,用于和家长(我后来也得到允许进入主页)分享孩子在课堂上的情况。今天看来,马特的做法可能并不是什么创新之举,因为现在通过社交网络进行沟通交流,对很多教师来说已经是家常便饭了。而在当时,一位幼儿园教师通过社交媒体和家长建立联系,让家长对孩子在幼儿园的生活感到放心,这种做法在我看来的确是一个创举。马特告诉我,开始时有些家长并不太愿意接受这种做法。他觉得家长的反应很正常,因为这毕竟是新生事物。但是家长还是给予他充分的信任。当年年底,家长已经非常乐于看到孩子在课堂上的情况。下面是几条家长在马特 Facebook 主页上的热情评论。

> 刚刚看了这个主页,太激动了。谢谢你为孩子做了这么多,能让家人分享朱莉(和班上其他同学)的学习过程。朱莉在刚刚开始接受学校教育的时候就能遇到这样一位好老师,我们感到太幸运了。
>
> 戈麦斯先生,作为第一次经历孩子上幼儿园的家长,之前对孩子一整天都在幼儿园做什么感到非常担心。你的 Facebook 主页让我了解到,孩子在幼儿园过得非常开心,在学习中快乐成长。我现在一点也不紧张了,非常放心。另外,看到您放在主页上的教学内容,让家长在问起"你今天在学校都做什么了"而孩子回答"没做什么"的时候,心里有底了。我们现在知道孩子在学校都做了什么,这样就可以根据他们当天所学的内容和课堂任务,在课后帮他们进行拓展学习。真的非常感谢您为孩子

和家长所做的一切。下个学年孩子升到高一年级的时候,我会非常怀念您的 Facebook 主页……

一年级的老师可不可能有自己的 Facebook 主页呢?

是不是很令人动容?我们注意到,家长对马特通过 Facebook 主页与家长沟通的态度是逐渐变化的,从开始的顾虑和担心转变为后来的认可和表扬。马特的努力得到了回报。他通过科技的力量与家长建立起密切的联系,这件事意义非凡。而且,这种沟通方式让幼儿园孩子的家长(其中一些家长是头一次把孩子送到学校)感觉到非常放心,这一点非常重要。不仅如此,家长和幼儿园老师通过共同努力(在一个共同的空间里),建立起紧密的关系,一起熟悉教学计划。在协作过程中,家长和老师也为学生树立了积极的数字公民榜样。

不幸的是,马特的领导告诉他这件事不要做了。马特向家长解释说:

> 本周我关闭了 Facebook 主页。学校通知我说学区不支持我的做法,所以必须把它关掉。其实我早就意识到这件事可能会发生,因为大家对我冒险

尝试做的这件事，了解得实在太少了，而且这种做法也确实没有得到学校的允许。对于今天的这个结果，我是有心理准备的。我觉得这个主页非常成功，达到了既定目标，那就是，我们可以想出更多的办法让孩子积极参与到学习当中。但是，也正因为主页的成功，直接导致了它关闭的命运。其实很多优秀的同事也想尝试利用这个新工具，家长也问我为什么只有我一个人用 Facebook 与家长沟通。情况所迫，我们校长必须出面解决这个问题，解决方案就是关闭我的 Facebook 主页。

最高级别的公平

马特的领导考虑的一点是，马特做的这件事太成功了，他们害怕这会给其他同事带来压力。多年以前，另一位老师也有类似经历。她说她当时想尝试一下博客这个新生事物，于是去问校长她是否可以写博客，校长说："不行。"为什么呢？校长担心如果她的大胆尝试成功了，那么学校便会要求所有老师都这么做。

这是什么情况？

在上述两个案例中，至少学校的领导者敢于说出其他人敢想却不敢言的顾虑。其实，让领导者害怕的不只是失败，有时他们真正惧怕的反倒是成功。如果某些事做成了，单位里的其他人就会被要求去做同样的事，这样便增加了所有人的工作量。

对于创新活动的另外一个担忧是，新项目或新想法可能会产生非常优越的学习机会，而这些机会是其他学习环境所不能提供的。如果为学习者提供最好的学习机会是我们首要关切的，那么就应该以最高标准来创造平等的机会，而不是以最低标准去满足所谓的公平。

"不"的威力与"是"的文化

问题是，无论什么原因，当你对创新说"不"，人们便不愿再去尝试新事物了。他们的想法是："如果学校不允许我去做那些可以对教学产生积极影响的事情，那我还有什么理由去满足学校的需求呢？"换句话说，他们认为："我的想法根本无关紧要。"这种"不"对创新的压制效应会如野火般迅速蔓延。当一位员工听到有人说他们的创新尝试遭到阻挠时，其他人或者干脆不再尝试创新，或者充满反叛情绪。还有一些人勇敢面对，继续创新。他们相信，与其先请求领导批准，不如先斩后奏，事后再去求得原谅。但是，如果我们塑造的文化让教师觉得创新还必须求得原谅，而且别无他选，那么问题一定不是出在教师身上，而是出在领导者身上。用史蒂夫·乔布斯的话说就是："我们聘请聪明人来工作，却对他们指手画脚，这简直毫无道理。我们聘用聪明人，是要让他们告诉我们该怎么做。"领导者花费大量时间去设法防止人们犯错误，不仅浪费时间，而且会丧失他们服务对象的信心。

压制那些有创新意愿员工的雄心，最好的结果是学校会有零星的创新，而最坏的结果是，学校根本就不会有任何创新。创新者迟早会厌倦求得原谅。他们会选择到那些相信他们能够发挥创造力和激情的地方去工作；情况也可能更糟，他们会安于现状。无论以上哪种情况出现，都会剥夺学习者的创新精神。

与其限制教师的创新而影响学生的学习机会，不如创造一种竞争性的合作，让不同层次的教师互学所长、互相帮助、共同进步。要实现这个目标，就要将好想法公开且经常与大家分享（我们将在第 11 章"拥抱开放的文化"中就一些问题展开更充分的讨论），不要因为害怕好想法被拒绝而将其雪藏起来。另外，我们还必须让教师之间建立和加强联系，这样每个人就会把自己看成集体中不可分割的一部分。

我们不应该因为害怕冒险而默认"不"的文化，而是要努力创建一种"是"的文化。当信任成为常态，当学生、教师和领导者都感觉自己能够得到支持的时候，创新行为才不会显得那么冒险。这并不是说我们应该对所有事情都盲目称"是"，而是要记住，"是"的文化能让我们发现通往创新的道路。

班级教师和学校教师

在我执教之初，有同事告诉我，不要指望同事愿意和我分享他们的工作成果。确实，有些教师似乎不愿意把他们花了几小时、几天，甚至好几年时间为学生制作的教学成果交给别人。

很幸运，我的第一个教学搭档主动和我分享了自己积累的所有教学成果（谢谢你，马琳）。她的慷慨给了我巨大的帮助。如果没有她的慷慨分享，我的教学之路可能会完全不同。

这里要区分一下班级教师和学校教师的概念。班级教师指那些为自己的班级和自己教的学生做了很多有益事情的教师。学校教师则可以这样界定：他们除了为自己的班级和自己教的学生做了很多事以外，还把学校里的每一个学生都当成自己的学生，不管他们是不是自己班级或者自己所授课程的学生。学校教师不会把诸如监管学生这样的事情当成无趣的琐事，因为他们可以利用这些时间和学生建立关系，还可以从侧面了解学生。

学校教师也愿意分享他们的想法。如果他们在自己的课堂上有什么创新做法，会和同事分享，这样，同事的学生也可以从中受益。即使其他同事不采用这些建议或者想法，这种单纯的分享行为，通过调整、修改和融合也会激起创新的火花。

教师和管理者都应该拥有这种合作精神。我的一位教学导师，在帕克兰德学区做了很多年校长的戴维·帕西克博士，在我刚刚开始教学生涯时为我上了生动的一课。他告诉我，他每天早上都会站在教学楼大厅前面迎接学生和教职员工。帕西克博士这种常年如一日的做法，得到了员工的广泛好评。校长这一小小的举动告诉所有人，这所学校是以学生为中心的。他没有把每天早上站在大厅前向师生问候看成一项工作，而是将之看成一个机会。他的这一举动为整所学校清晰地定下了调子。教职员工也效仿校长的做法，他们站在教室门口迎接学生，在走廊里与学生交流，与学生建立起亲密关系，并让这种关系延伸到学生之间。无论你是一位小学校长、中学校长、教学指导、教师，还是在学校从事任何其他工作的教职员工，你都要让人们知道你是为学生服务的，你就是学校的缩影。

一次只关注一个人，改变就会发生

员工的职业发展能够为达成集体共识创造机会，但是我们必须记住，集体是由个体组成的。我上学的时候学校发给每个人的课本都是一样的，大家在一起学习。这种"一刀切"的做法源于这样的假定：教师没有读过这本书；书中的内容和每个学生都有关系；所有学生的成长需求都是一样的。假定可真够多。

假如我们采用另外一种更加人性化的做法，结果会怎样呢？具有传奇色彩的职业篮球教练菲尔·杰克逊（他获得的冠军比任何其他职业教练获得的都多）赢就赢在他能将每个球员的优势都充分挖掘出来，让每个球员都作为整体不可或缺的一部分发挥重要且独特的作用。为了满足球员的个性化发展需求，他所做的一件事就是送给队里的每位球员一本书，内容各不相同，但是每本书都是他认为可以帮助该球员职业发展的。

可以想见，只有像杰克逊教练那样充分了解团队中的每一个人，才能真正做到有针对性地选择适合的材料满足员工的需求和兴趣。你不仅要帮助组织内的每个人提升工作能力、明确职业目标，而且还要表明，你在更深的层面上了解并且在乎你服务的每个人。这样做会塑造一种态度，这种态度可以很容易涓滴般地影响课堂层面，以及每个学生。

文化是由最初的愿景期许、过程中的互动融合，以及最终整个学习社区内的交互关系发展而来的。但是关系是建立在一对一基础之上的。你把花在与员工相处的个人时间视为投资还是花费？从领导者的角度看，如果能花上 10 分钟倾听一位员工如何处理个人问题，奇迹就会发生——这个员工的忠诚度会渐渐增强，工作意愿也会远远超出预期。

在《纽约人》杂志的一篇文章"慢智慧"中，外科医生和公共健康研究员阿图尔·戈万德解释了为什么一对一的互动交流会提高人们尝试新事物的意愿。

光靠技术与激励项目来鼓励人们创新是不够的。研究创新思想沟通和传播方式的优秀学者埃弗里特·罗杰斯写道:"传播过程从根本上说是一种人际交往过程,在这个过程中人们通过互相交谈传播创新。"大众传媒可以为人们传播新的观念,但是罗杰斯的研究显示,在人们决定是否接受一个新事物时,通常会追随他们了解和信任的人。实现任何变革都需要付出努力,而做出努力的决定则是一个人际交往过程。

销售员对这个过程有着深刻的理解。有一次我问一位药品销售代表,他是如何说服那些出了名的固执医生使用某种新药的。他说,不管你有多么充分的理由,要想让医生买你的账,必须遵循"7次接触法则",即你要和医生有7次面对面的接触,这样他们才会了解你;只有了解你,他们才可能信任你;只有信任你,他们才可能改变原来的想法。所以他总是亲自去给医生送免费的药品样品,把它们塞满医生的抽屉。这样他就可以试探着问医生:"你女儿黛比的足球赛怎么样?"最终,他们之间的对话就可以变成:"您看过关于这个新药的相关研究了吗?想不想试试?"这位医药代表明白,人际交往是克服阻力和加速转变的关键因素。[4]

读过这篇文章之后,我调整了教师职业学习的思路。加拿大阿尔伯塔帕克兰德学区服务于 22 所学校、10 000 多名学生。我作为该学区的总监,迅速传播和推广优秀的创意并不是什么难事。我的难处在于,由于学区规模庞大,在职业学习过程中即使我们竭尽全力去满足学员的个性化需求,学习结束时还是不能满足所有人的期望。所以当学员众多时,我们就需要达成一个大家共同认可的目标。我相信,如果想帮助人们完成从 A 点到 B 点的提升,就要像戈万德所说的那样,为人们的互动交流创造经常性机会,帮助人们建立人际关系,激发创新精神。

例如,作为学区总部办公室的管理者,我经常走访学校,而且会像大学教授那样设立办公室面谈答疑时间。我会在一天当中设定几个 40~60 分钟的时间段,约见学区内的教师,每段时间 1~3 人。这种小范围的约见能够营造一种在很多大组学习中所没有的亲近感,可以让我更好地了解参与者,也为教师之间相互了解提供了机会。会谈的话题都是开放式的,我们会就"你想学习什么"这个简单的问题进行个性化讨论,将讨论重点放在学习者需要学习什么,而不是我们要给予他们什么上面。有时我会在谈话中分享一些让沟通更加简单的工具，有时我们也会讨论关于授课理念的变化。会谈没有什么固定的议程，因为每次会谈所关注的都是教师作为学习者的所需所求。但是他们离开我的临时办公室以后，能够感到我听到了他们的想法，我在意他们，关注他们的个人成功，而且学到一些对他们来说很重要的东西。这些"接触"有助于将学区内学校之间和教师之间的关系建立起来，这正是建立学习文化和创新文化的基础所在。

现在你可能会想，用这种个别会谈的方式建立创新文化会不会是一个永远不可能完成的任务，特别是在那些规模比较大的学区？确实，和学区内每个人进行一对一的谈话似乎毫无可能。我也想过这个问题，我也知道和学区内每位教师面谈是不可能的。但是我注意到，这样的一对一谈话确实推动了创新。我约见的每位教师都看到了我们讨论过的想法背后的价值，并且重拾了与同事分享这些想法的信心。他们没有依赖我为他们创造学习体验，其中一些教师甚至主动分享他们的所学。一位校长告诉我，他们学校一位在教师职业学习中从来没有分享过任何东西的教师，竟然主动申请与大家分享她的所学，以及这些知识是如何影响她的学生的。

有时，我们所做的工作就像火花，帮助人们点燃自信，然后悄然消逝。如果一所学校或者一个学区的创新仅仅依靠一个人的力量，那么这种创新就如星星之火，很难燎原。相反，如果我们推动学习者成为领导者，他们就会以燎原之势传播创新思想。有时，只要将一个人的创新力激发出来，就能推动整个组织的创新。

进一步思考

如果我们想实现有意义的变化，那么在做出理性思考判断之前，就需要用心投入。在建立关系和信任方面投入时间对我们共同进步至关重要。没有文化，就不会有创新文化。所有创新都源于创新环境，在这个环境中人们感受到被关注、支持和滋养，而这些正是我们熟知的在教学中影响学习效果的关键因素。

数字化沟通是当今世界的鲜明特征，人们比以往任何时候都渴望交流。所以要想确保创新在组织中生机勃勃，需要做好三件事情，即建立关系、建立关系、建立关系。50年以前，建立关系在学校教育中至关重要，50年后的今天，其重要性仍未改变。

讨论问题

1. 你是如何在学区、学校和班级中与人建立关系的?

2. 你是如何激励他人勇于冒险的?请举例说明。

3. 在你领导的学校里,你是如何为兴趣驱动的学习活动创造机会的?

chapter 5

第 5 章

学习、领导、创新

管理领域150年来没有产生任何创新,为什么我们可以对此安之若素,却要求生活的其他方面不断创新呢?

——杰米·诺特

学习、领导、创新 | 第 5 章

小时候打长途电话，特别是海外长途电话非常昂贵，父母只能每月跟希腊的家人通一次电话。记得那时每当看那些科幻题材的电视节目（比如家庭喜剧动画片《杰特逊一家》(*The Jetsons*)）时，我就会幻想将来有一天能真正通过视频电话看到在希腊的亲戚。如今，通过苹果的FaceTime、Skype，以及谷歌Hangouts等视频通话技术，与世界各地的家人和朋友保持联系，不仅操作简单，而且费用低廉。然而，尽管这些功能强大的技术触手可及，但很多成年人却不去好好利用它们，有些人甚至抱怨那些经常挂在网上的人，特别是涉及教育问题时。有人认为，技术创新让世界时刻处于连接状态，这不仅分散了孩子的注意力，也打乱了我们的教学方式。但是也有另外一种观点，认为科技让孩子无论何时何地都能和世界保持连接，创造了很多新的学习机会。

无论是教育领域、技术领域，还是生活本身，变革无处不在，你对待变革持怎样的态度，就会有怎样的领导方式。可是很多时候，变革只是我们的谈资或者希望别人去做的事情，似乎与自己并无太大干系。要成为高效的领导者，我们就必须在行为和态度方面成为学习者的榜样，要求学生和教师做的，我们自己首先要做到。毕竟告诉教师和学生"我们一起来做这件事"，比命令他们去做而我们自己不愿或不能去做更有力度，也更具说服力。

打破惯常

对领导者来说，注意甚至发现更新、更好机会的方法之一就是从最终用户的视角去体验生活。组织行为专家弗兰克·巴雷特解释说，打破惯常并且从他人视角看待问题，就会找到新的解决方案。在一个题为"创新需要打破常规"[1]的《哈佛商业评论》的视频中，巴雷特分享了一家航空公司处理顾客对其服务投诉的案例。航空公司的管理人员组织了一次休假式会议，目的是集中讨论如何创造更好的客户体验。活动第一天，当所有人都在开会的时候，航空公司负责营销的副总裁把所有参会管理人员宾馆房间里的床都换成了飞机座椅。第二天，在飞机座椅上睡了一宿的管理人员确实想出了一些如何提高顾客舒适度的"关键创新办法"。如果这位营销副总裁不去打破这些管理人员的惯常睡眠方式，并让他们体验顾客的不舒适感，这次休假式会议很可能不会产生任何有价值的创新性变革。

顾客是商业活动的最终用户。作为教育领域的领导者，学习者就是我们的最终用户。有时去体验一下他们在学校和课堂中所遭遇的不适会拓宽我们的眼界。下面这个例子比较能说明问题。格兰特·威金斯，一位颇具远见的教育改革者，也是"通过设计框架来理解"（Understanding by Design Framework）的开发者之一，分享了一位教师在他博客文章下面的留言，很有说服力。这位教师来到一所新学校任教，根据校长的建议，她在两天时间里对两位学生进行了"影子跟随"，每人一天。[2] 这位教师对自己当初的工作方案这样描述：

> 为了让我尽快熟悉学校的教学情况，校长建议我"做"两天学生：其中的一天，我要跟学生一起上课，完成一个10年级学生一天需要完成的所有任务。另外一天跟着一个12年级学生，学校要求

他做什么，我就得做什么。这两天我的任务就是，完成当天学生需要完成的所有事情。上课时或者任何时候黑板上有需要记的笔记，我都尽快在笔记本上记下来。如果有化学实验，我要和学生一起完成。如果有考试，我也必须参加（我通过了西班牙语考试，但是商务课考试考砸了）。

这个帖子告诉我们她在"做"学生过程中的抓狂经历。完成两天的任务以后，她得到如下体会：

1. 学生一坐一整天，久坐让他们筋疲力尽。

2. 高中学生被动地坐在课堂上，而且大约90%的课堂时间都是在听老师讲。

3. 一整天下来让人感觉有些烦躁。

分享以上案例不是想对她的看法说三道四，这是基于她所在学校当时情况的感受。我只是想让大家思考一下，我们对学生在学校的体验究竟了解多少？我们是不是经常猜测学校里发生的事情？而我们的猜测，就像这位教师发现的那样，是不是很可能是不准确或者不全面的呢？我们必须用之前我提出的那个问题不断拷问自己：我自己愿不愿意坐在我的课堂上学习？如果能够从这个角度看待教育，你可能会发现，我们希望学生做的很多事情，我们自己甚至连一个小时都无法忍受，更不用说一整天了。

在这篇博客文章的留言中，这位教师谈到的学生对学习体验的感受，令我非常震惊。她写道："我'影子跟随'的其中一位，是10年级的辛迪。我问她，'如果哪天她没来上课，当天的课堂是否会因为她的缺席而失去分享她的知识和她对课堂做出贡献的机会？'她笑答，'当然不会。'"

你能想象我们每天都去一个根本没有人在乎我们是否存在的地方是怎样的感受吗？我被她的感受深深触动，意识到还有很多学生都有相同的经历——他们几乎没有任何主动权，几乎没有自主选择学习体验的机会。

现实情况是，学校的这种学习环境不是由某位教师个人造成的，而是所有教师共同促成的。如果这就是学校给学生提供的学习体验，作为领导者，我们能做些什么来支持学习和创新，创造全新而且更好的学习环境呢？

亲身体验、创新领导、有效管理

我选择在总部办公室做管理工作的原因之一，就是可以用尽量多的时间待在学校，支持教师的工作。我觉得要引领创新文化，就要充分了解教师的工作状态，与之建立联系，这一点非常重要。我想如果我的决策能够对课堂教学产生影响，那么我愿意把自己浸没于真实的学习环境中，让决策在实践中产生和形成。

我经常带着笔记本电脑，在某个教室随便找个座位，一坐就是3~6个小时。我在电脑上处理行政事务、回复邮件。教师和学生做他们自己的事，最终便忘了我的存在。亲临课堂让我对教师和学生的课堂体验有了更好的理解。我坐在教室里并不是去评估教师的教学，更多是对当地学区创造的学习环境进行评估。这段时间我注意到，教师在开展正常的教学之前需要完成很多"分外的事情"。比如说，上课时和学生一起登录电脑的过程就非常烦琐费时，Wi-Fi连接出现的各种问题也需要他们来解决。在解决这些问题的时候，他们不太像教师，倒更像是无所不能的魔术师。即使在这样的环境中，我还是常常看到教师克服各种困难，为学生创造非常有效的学习机会。

如果我们希望创新在学校里开花结果，我们自己就要全身心地投入到这些孕育创新的工作中。如果你觉得没有时间，一定是忘了办公设备是可以移动的。你可以像我一样，把电脑或者平板带到教室,一边听课一边办公。在安静的办公室里回复邮件可能要比坐在教室里效率高得多,但是我还是选择在教室里处理这些公务,一个主要原因就是我能够在教学一线调研教学现状。

另一件我们必须主动去做的事情,就是清除那些阻碍我们做好服务的障碍。比如,我刚刚提到的费时费力的电脑登录过程就是一个障碍。从技术部门的角度看,连接互联网应该很快,登录也应该很快。但是你要考虑到每个教室有20~30个学生(如果你足够幸运),一个人可以很轻松快速完成的登录过程,整个班级可能需要好几分钟才能完成。这个问题在那些时间有限,每一分钟都非常宝贵的课堂上显得尤为突出。这只是我在亲临课堂过程中所了解到的教师所面临的问题的一个例子。如果不是亲眼看到教师在这些"分外之事"上浪费的时间,我可能就不会对这些障碍感同身受。

如果我们真想塑造一种创新文化,就需要为教师提供必要的工具和资源,创造一个我们自己作为学习者所期待的环境。在这个过程中,我们要让教师感受到我们对他们的支持。同时,当通过共同努力将愿景变为现实时,我们必须对那些能够支持教师创新的资源进行有效管理。正如史蒂芬·柯维所言："**资源只需管理，而团队需要引领，领导有方，才能激发人们的创新潜力。**"[3]

自主学习者，创新型领导者

通过亲临课堂，我意识到要想做一个优秀的领导者，带头学习是首要任务。作为领导者和创新者，我们可能还没有花时间真正了解变革，便轻易投入其中。有一个例子可以说明这个问题。几年以前，我从很多教师那里听说了"电子文件夹"这个概念。教师很想让学生使用"电子文件夹"。问题是大多数教师自己从来没有亲自体验过创建电子文件夹的过程。作为教师，他们都非常喜欢这个概念，可问题是，他们没有花时间从学生的角度思考，电子文件夹对学生来说是否好用。据我观察，很多学校都在创建电子文件夹的过程中出现了这样的问题，即把纸质文件电子化。很多时候，这些电子文件夹更像是"电子垃圾"，只是孩子用来分享作业的链接而已。

我想弄明白电子文件夹到底可以做什么，如何将其应用于教学，更重要的是，如何将其用于学习。我没有要求同事和学生去做什么，而是想自己去体验。我决定创建自己的电子文件夹，摸索一下创建电子文件夹的过程有哪些优点、哪些难点，以及还有什么尚待开发的功用。

于是我创建了自己的博客，把它作为我的学习"文件夹"，并因此了解了公开反思的强大力量以及它是如何深化学习过程的。当知道任何人都能看到我的博客和反思时，我就会对自己的学习内容进行更加深刻的思考。使用博客的过程还让我看到了合作的力量，不论是学校内部的合作，还是世界范围内的合作。任何人，不管来自世界的哪个角落，都可以质疑我的创意，挑战我的想法。我发现电子文件夹既可以展示个人的学习成果，也可以成为继续学习的动力。通过公开的学习过程，我也开始意识到电子足迹的影响力，明白了拥有一个电子足迹的真正含义。我通过亲身实践和体验，与学生讨论创建电子文件夹的好处及其产生的影响，而不是简单分享别人的研究成果。还有什么比亲自尝试我们要求学生做的事情更好的方式来与学生建立信任关系吗？

我创建电子文件夹以后，整所学校都被带动起来，创建了很多参与性强、以学习者为中心的电子文件夹。现在帕克兰德学区的所有学校都开始创建、使用电子文件夹。我绝没有将功劳据为己有之意，这是因为我们学区的教师非常支持这项工作，他们富有远见、勤奋努力。教师不仅可以通过这个过程学习、提高,还可以将在此过程中积累的经验应用到教学中,推动这项工作持续发展。我们学区的个人学习取得了显著成果——从幼儿园到12年级超过10 000名学生,都有能力且有机会以不同的形式创建、开发、维护自己的电子文件夹。这项工作还在进行中,学习过程中有时也不免会出现一些混乱局面。(我们要接受这种混乱!)学区的领导者明白,学生收集到的信息量之大难以在纸上完成,而以电子方式制作文件夹可以让学生有机会整理并且分享他们的成长过程。(想了解更多博客内容和电子文件夹,可以点击我的文件夹 bit.ly/blogasportfolio。)

优秀的领导者能够将愿景切分成相对较小的阶段性步骤,最终将愿景变为现实。前进的道路上每完成一小步都有助于增强我们的信心和能力。通过自己的亲身体验,我与员工建立了联系,并且确保他们看到,我是一个值得信任的学习者。(我从来都不想被贴上"根本就不知道当老师是怎么回事"的标签。)正因为亲身学习并且体验了整个过程,我才能名正言顺地鼓励我的员工要勇于在工作中突破和创新。

亲身体验、率先学习,并且时刻把学习者放在心里,只有这样,才能成长为一个创新的领导者。在我们快要结束本章内容时,我想分享几个创新型领导者的基本特征。

创新型领导者的基本特征

1. 富有远见——富有远见的领导者能够把学校宏大的愿景分解并融入课堂教学活动当中。建立创新文化不能一蹴而就,需要一步步地点滴积累,最终成就伟大的愿景。创新型领导者帮助人们通过日积月累的努力建立信心、培养能力、持续成长,最终让他们愿意而且能够变得更加富有创新精神。

2. 怀有同理心——新想法的产生要基于对你所服务人群的充分理解。刚开始做校长的时候,我就没有刻意去效仿前任校长的观念和做法。我这样设想:"如果我是这所学校的教师,会希望校长怎么做呢?"这种同理心还促使我从学生和家长的角度去思考学校的学习环境。比如,我做教师的时候,每次参加那些冗长却不能解决任何实质性问题的会议时,都感觉非常难受。出于对他人宝贵时间的尊重,我要确保尽量缩短会议时间,要把更多时间花在学习上,尽量少花时间在那些通过电子邮件就可以解决的问题上。开短会是不是一种创新呢?不是。但是尽量站在你所服务人群的角度思考问题却是创新的开始。

3. 率先垂范——我对克里斯·肯尼迪充满敬意。他是西温哥华学区的一位总监。他相信（并且率先垂范）领导者要"深度参与到学校的学习当中"。我非常赞成他的说法！我们很容易陷入墨守成规、不求突破的思维误区中。这种思维束缚了我们的手脚。想为学生提供更好的学习环境，我们就要把自己当作实验室里的小白鼠，敢于亲身尝试，并且要全身心投入到新的学习机会中，只有这样才能理解如何进行必要的变革。如果我们自己没有亲身体验新事物，就很难创造出新事物。

4. **敢于公开挑战未知**——教育领域中"敢于挑战未知的人"已经不是什么新鲜物种了。作为领导者，倡导或者号召大家勇于挑战未知很容易，但是我们很少看到领导者自己敢于挑战未知。如果没有看到比他们职位高的人敢于挑战未知，人们一般不太可能首先去冒风险或者尝试新事物。如果领导者希望人们尝试新事物，就必须公开表示他们自己也愿意这样做。

5. **建立人际网络**——人际网络对发展和创新至关重要。如果没看到学校外的世界，你就很容易觉得自己做的事很了不起。优秀的领导者会不断创建人际网络。与他人的沟通联络从来没有像今天这么容易。面对面交流当然很好，但是科技的发展使交流不再受地域或者旅行成本的限制。只要你愿意，便可以和世界上任何地方的教师建立联系。这种与校外建立联系的自由，可以拓展我们的思维，融汇他人的思想，把更好、更新的理念应用于实践，从而为学生创造意想不到的学习体验。

6. **善于观察**——一个好创意往往由其他好创意激发而来。"天才一小时"便是一个已经传遍世界所有学校的好创意。这个创意是教师通过观察其他行业好的做法，将其改造后应用到学校教育，以满足学生的需求而产生的。尽管商业世界的经验不一定完全适用于学校教育，但是如果我们学会将商业世界的理念融入教育领域，并加以重新改造，可能会成就非常了不起的事情。

7. **建设团队**——在那些没有创新精神的组织里，大家的想法基本差不多。创新往往来自冲突和争论，这种冲突和争论不是互相提出建议性观点，而是要形成扩散性思考，也不是大家轮番说出自己的想法，而是要确实产生一个更好的想法（可能包含几个大家达成共识的想法）。如果你想成为创新型领导者，而你周围都是和你性格差不多的人，那么你的创新目标便很难达成。

8. **重视关系**——如今教育领域非常重视创新，可我们却忘了，创新是人们共同努力的结果。智能手机不是创新，智能手机背后的理念才是真正的创新。把自己锁在办公室，通过 Twitter 和外界联系，产生一些很好的想法或者创造一些新事物，这一点都不难，但是如果你想做一个创新型领导者，你的作用便不仅仅是琢磨出一些又新又好的想法，而是要让所有员工参与到创新的使命中来。如果不重视组织内的所有成员，不与他们建立稳固的关系，即使你的想法再好，可能也不会被组织成员接受。只有人们知道自己受到重视，而且在尝试新事物的时候很安全，他们才更有可能为创新付出努力。

进一步思考

领导者产生新的想法固然重要，但是创建创新文化更为重要。我们常说要支持人们创新，不要过多干预，但常常忽视了帮他们清除创新过程中的障碍。这就是为什么我们要花时间去教室听课，亲自观察教学情况，才有助于我们为学生和教师创造更好的明天。再一次强调，创新的核心要素是人，不是物。如果我们在工作中坚持上述做法，便更有可能塑造创新文化。

讨论问题

1. 在学习过程中,你用什么方式来了解学生的需求?
2. 你希望你的学校有什么样的学习项目,在这个项目中你打算如何做出榜样?
3. 你认为领导者的基本特征当中,哪一个特征属于个性优势?你还需要在哪些方面加强?

chapter 6

第 6 章

引发兴趣还是激发潜能

下个世纪的领导者,就是那些能够激发他人潜能的人。

——比尔·盖茨

有一次我乘飞机前往弗吉尼亚州的罗阿诺克，去参加一个会议并演讲。当我下了飞机准备赶往酒店，我没有选择租车，而是决定用优步，因为机场离酒店很近。司机到了以后非常礼貌地帮我把行李放进后备厢，并且为我打开车门。出发后，我问他知不知道酒店在哪儿，他没说话，我又问了一遍，他还是没说话。于是我拍了下他的肩膀，他一脸惊讶地看着我，用口型对我说："我耳聋，听不见。"

路上我就在想，这位司机能有这样的职业机会，都拜科技发展所赐。开车的时候，他根本不需要知道酒店的具体方位，因为他的移动设备已经自动更新了驾驶路线，并且通过优步系统看到了我的样子。我用口型对他说"谢谢"，他回谢了我，两个人就此别过。

那天晚些时候，我在图片分享网站 Imgur 上看到一个帖子，说有个人打了一辆优步，发现司机是个聋人，于是在谷歌上快速搜索，学习如何用手语说"谢谢"。这位乘客充满善意的手语沟通方式让司机非常感动。这个故事让我对自己感到懊恼，我当时怎么没想到对那位聋人优步司机的优质服务，用帖子里那位乘客的独特方式表达感谢呢？演讲完成后，第二天我又约了一辆优步去机场。幸运的是，约到的还是那位聋人司机。像来时一样，这位司机保持着一贯的高水准服务。我记住了帖子里的办法，于是在后座上学习怎么用手语表达"谢谢"。通过谷歌搜索，我看了一个YouTube上的视频，以确保我学到的动作是准确的。到机场以后，司机把我的行李从后备厢取出来放到路肩上。这一次，我没有用口型，而是用手语对他说"谢谢"（但愿我的动作是准确的）。他脸上的感激之情让我震惊。只需几分钟就可以学会的简单动作，却表达了我对他人的尊重。

我为什么要这样做？说实话？因为我能做到。

我们只需轻触指尖，便可以学习和创造，这种力量之强大令人惊叹。如果时间回到2000年，我是讲不出这样的故事的，因为故事所涉及的很多元素，包括YouTube、优步、通过智能手机在谷歌上搜索等工具和方法，那个时候还没有出现。而今天这些科技已经无所不在，遍地开花了。

孩子是因为接受了学校教育才有创造力的吗？抑或是尽管孩子接受了学校教育，但仍然保持了创造力

刚才讲的那个故事让我想起了 2015 年我和一个学生的相遇，他是帕克兰德学区一所学校的学生。我经过八年级课堂的时候，注意到一个学生正在电脑上用一个非常高级的工程设计程序设计汽车。那时正是学校的创新周期间，学生可以根据自己的兴趣爱好创立、设计项目。这个学生对汽车设计情有独钟。我知道这所学校没有老师会使用这么复杂的程序，或者能给他提供设计汽车的任何思路。这完全是他自己的创意并且动手实践。我在他旁边坐下，对他的设计惊叹不已。我问他是在哪儿学会使用这个程序的。他看着我，好像我有点不太正常，回了我一个词——YouTube。

其实在他回答之前，我就知道他很可能是通过 YouTube 学到这项技能的，而且是在学校上学期间。这所学校允许学生在校期间观看 YouTube 视频，学习相关知识。YouTube 已经成为世界上信息量最大的图书馆。但是为什么有些学校封锁这个网站，不让学生使用这份学习资源呢（有些

地方甚至连老师也不允许上这个网站)?

答案是两个字——控制。

被动接受的文化

赛斯·高汀 2012 年在 TED 一个名为"不要再偷走梦想了"的演讲中,以"同学们,早上好"这样一个在学校司空见惯的问候作为开场白,然后他说,他在等待观众也向他问候"高汀先生,早上好"。因为 100 多年来老师一直都是这样问候学生,然后等待学生问候他们的。他说这样的问候和回应在学校里稀松平常,而这正是被动接受文化之症结所在。[1] 高汀说得没错,如果我是老师,对学生说了一句什么,也会期望学生以某种方式加以回应。如果我不喜欢你应答的内容,我会再说一遍,直到听到你或者全班同学的回答跟我期望的一样。重复的目的就是要确认学生听到了老师说的话,这样学生就可以重复老师的话,而不是去学习和探究。但是重复真的是学校存在的意义所在吗?

我希望不是。

从教者经常谈论如何引导学生积极参与,以及这种理念在当今社会有多重要。许多老师也在努力给孩子展示相关的真实案例,希望他们做事更加积极和投入。从刚当老师那段时间开始,我就把精力投入到如何让孩子更加专注上面。我学会了怎么把故事讲得生动有趣。就像罗宾·威廉姆斯主演的《死亡诗社》中那个彻底俘获学生的基廷老师那样,我竭尽所能为学生讲故事。可不幸的是,当那个学年结束,我的表演随之"落幕"时,学生对我的期望值也随之变得更高了。我创立的教学风格让学生认为:"如果你不能吸引我,你就不是一个好老师。"在我早期的教学生涯中,恐怕学生和我自己都相信,为了吸引学生积极参与课堂活动,我把所能采用的手段已经用尽了。

能够引发学生的兴趣当然是件好事,但是那段经历让我明白,除此之外,我们还要激发学生的潜能,培养他们自我学习的能力。我们必须教会学习者自我引导、自我学习,而不是依赖别人吸引他们。

比尔·弗雷特很好地将引发学生兴趣和激发学生潜能的理念区分开来(见图6-1)。他说:"引发学生兴趣,就是引起学生对教学内容、教学重点和教学大纲的兴趣;而激发学生潜能是指,教会学生发掘自己的热情、兴趣,乃至未来的知识和技能。"[2]

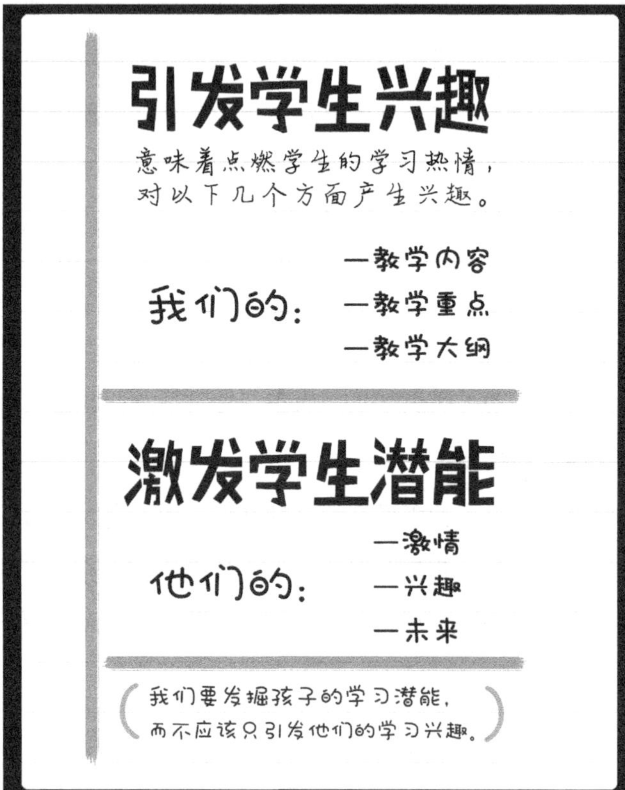

引发学生兴趣

意味着点燃学生的学习热情，对以下几个方面产生兴趣。

我们的：
- 教学内容
- 教学重点
- 教学大纲

激发学生潜能

他们的：
- 激情
- 兴趣
- 未来

（我们要发掘孩子的学习潜能，而不应该只引发他们的学习兴趣。）

图 6-1

这并不是说激发学生潜能可以取代引发学生兴趣。实际上，人们只有在对学习感兴趣且专注于学习时，才能感到自己的潜能被真正激发出来。然而如果我们在设法引发学生兴趣时遭遇"天花板"，即再没有其他办法的时候，我们所做的一切便失去了意义。想一想，你是愿意听听别人改变世界的故事，还是想自己拥有改变世界的机会呢？一个人能够改变世界的故事可能很吸引人，但是成为改变世界的人也会改变我们自己。所以，作为一个从教者，如果你可以从被动接受、积极参与、充满潜能三个定义中选择一个来描述自己的学生，那么你愿意选择哪一个呢？

激发潜能的文化

我很高兴现在很多学校都把激发学生潜能作为一项中心工作。实际上，我认识的很多当地和世界其他地方的教师，为孩子创造的学习机会特别令人兴奋，也深深地吸引了我。受这些富有创新精神的教师和领导者的启发与激励，我将那些有效的学习方式和学习机会分享给大家，帮助大家共同成长。

多年前，我曾经尝试采用不同的方法来教健康课，取得了意想不到的效果，让我自己都感到惊讶。开始，我对这门七年级的健康课兴致不是很高，觉得它简直就像一门可有可无的附加课程，就是为了把课表填满而设置的。我没有为吸引学生而绞尽脑汁地去设计教学内容，而是让学生自己去设计。我把教学大纲的每一个教学目标都看了一遍，并且用学生愿意接受的语言重新编写；然后让学生自己组建学习小组，挑选自己感兴趣的教学目标，小组成员之间互相讲授相关知识。在这个学习过程中，我更像一个指导博士生的大学教授，而不是我们想象中典型的七年级老师教学的样子。这些小组每天都来征求我的建议和反馈意见。他们用互相学习和分享这一方式取得的学习效果要比我貌似高深的课堂讲授好多了。深度学习就这样产生了，他们理解并且能够记住小组成员互相讲授的知识。我负责监控整个学习过程。显然，学习氛围发生了变化。

应该看到，在上面这个案例中，我从另外一个角度达成了教学大纲要求的目标，但是允许学生主宰自己的学习过程。以前我一直采用的教学方式（一直以来别人也是这么教我的）是，仔细研究教学大纲，创造有吸引力的教学内容，让学生理解教学内容。这个模式里只有这两个选项：要么让学生被动接受知识，要么激发他们的学习兴趣。但这次是让学生依靠自己的能力去讲授知识，为学生创造了更新、更好的学习机会。正如作家和出版人哈丽雅特·鲁宾所说的："实际上自由比权力具有更强大的力量。权力决定你能掌控什么，而自由决定你能释放什么。"我把主动权交到了学生自己手上，让他们充分释放自己的潜能，允许他们去探索所学知识的真正意义，从而使学习更加深入。

从教者和领导者的工作不是去控制别人，而是把他们的潜能最大限度地激发出来。仅仅引发学生的兴趣是不够的，我们应该为学生创造我们自己也渴望得到的学习机会。

"自我展示日"

几年前，我当时的助理校长谢丽尔·约翰逊建议在我们学校发起一个"自我展示日"活动。一个简单的想法，成就了一个影响深远的活动。活动当天，学校的每一个人，包括学生、教师、管理员、行政助理等，都有机会分享自己热衷的任何事情。在第一年的活动中，我和大家分享了我对湖人队的喜爱，第二年的活动中我跟大家畅聊我家几只狗的故事。

这个活动有助于在学校建立起人际关系。就像我之前说过的，这种关系是营造一种让人们敢于冒险、团结协作、创新求进的环境的基础。允许学生展示自己的兴趣爱好，也是在创造这样一种环境，即他们的声音可以被听到，他们关心的事情被重视。一些学生聊起自己对组装乐高玩具的喜爱；一些学生说他们想成为音乐家，并且给大家表演他们自己创作的歌曲；还有一些表达了他们想成为发明家的愿望，并展示了他们的最新发明。

"自我展示日"活动让每个人都有机会展示自我，学校成员间也建立了比以往任何时候都更加紧密的关系。比如说，在我二年级的学生当中，有一位曾经获得过全美自行车越野赛冠军，但是在"自我展示日"之前，学校里的大多数人都不知道她有这项才能。一位同样喜欢自行车运动的一年级老师和这位二年级学生在活动当天建立了联系，这是多么美妙的事情啊。活动结束以后很长时间，两个人还在谈论他们共同喜欢的这项"极限"运动。

一位一年级学生的演讲令我印象深刻。还有一位叫马尔利的六年级学生给我们讲解了图雷特综合征的相关知识，她每天都要和这种病做斗争。之前没有人知道她要给大家讲图雷特综合征，就连她的老师也不知道。她解释说："这是我不可分割的一部分，我想和大家分享。"言语简单却充满力量。

无论是当时还是将来，我都非常感激谢丽尔·约翰逊为我们社区倡导了这样一个影响深远的活动。她冒着风险尝试做一件以前没人做过的事情，因为她相信，这个活动会让学校成员之间建立紧密的关系，激发学生和员工的潜能。事实证明她是对的。

激发潜能不能只靠一个活动

如今有很多关于教学实践的优秀图书和资源，比如"天才一小时""众创空间""创新日／周"等。许多从教者已经听说并且开始接受这些理念，这非常好！为学生创造机会去发掘自己的兴趣爱好会大大激发他们的学习潜能。这些活动也会帮助教育机构理解基于兴趣爱好的学习具有多么强大的力量——无论学生还是教职员工都能从中受益。"创新日"也好，"天才一小时"也好，这些活动都为创新开了个好头，但是我们不能就此止步。创新不能靠一个活动了事。

教育思想领导者、《在创造中学习》(*Invent to Learn*)一书的合著者加里·斯泰格一直致力于拓宽学习的边界。当被问及关于建立"众创空间"的问题时，他的回答掷地有声：

> 当学校的领导者告诉我说"我们学校正在花费2500万美元打造众创空间"时，我就很担心这个众创空间可能会破坏教育公平。尽管有些昂贵的硬件设施是学校必须购置的，但我更希望让创造的力量时时刻刻充满学校的每一个角落。有些教师可能只用几个纸箱子就打造了他们的众创空间，但他们所做的工作非常了不起。创造要体现在所有的教学大纲之中，要让孩子成为小说家、数学家、历史学家、作曲家、艺术家、工程师，而不只是被动的知识接收者。[3]

如果我们真心希望学生能将所学的知识用于创造新知识、产生新想法，就要保证学生有机会将一天所学的所有科目的知识应用于实践当中。我们要转变对学习的看法，认真思考真正的学习到底应该是怎样的。

学校教育 VS 自主学习

2014年,我写了一篇题目为"学校教育与自主学习"的博文,对"传统的学校教育"理念提出质疑,并且探讨了如何进行真正的学习。以下是博文的主要观点:

- 学校教育鼓励学习从寻找答案开始,而自主学习鼓励从提出问题开始。
- 学校教育是消费已有信息,而自主学习是创造新知识。
- 学校教育要求学生在既定的学习材料中寻找信息,而自主学习是发掘学生的学习热情和学习兴趣。
- 学校教育要求学生被动接受,而自主学习鼓励学生挑战既有规则。
- 学校教育有严格的时间表,而自主学习可以发生在任何时间、任何地点。
- 学校教育相对闭塞,而自主学习往往更加开放。
- 学校教育是标准化的,而自主学习是个性化的。
- 学校教育教我们从特定的人群那里获得信息,而自主学习提倡每个人都是教授者,同时每个人又都是学习者。

面向未来的教育

- 学校教育是给你提供信息,而自主学习是你自己学会将知识融会贯通。
- 学校教育的学习内容是连续性的,而自主学习是即时的、非线性的。
- 学校教育鼓励表层思考,而自主学习是深层探究。[4]

我知道以上观点从不同角度来看可能不一定完全正确,但是如果你把其中的一些观点组合起来,会不会产生一些新的观念呢?这些新的观念可否让我们的学校变得能够真正把学生培养成头脑敏捷、适应能力强,足以应对不断变化的世界的人才呢?比如,我们可以把**学校教育鼓励学习从寻找答案开始,而自主学习鼓励从提出问题开始变为学校教育鼓励学生自己提出问题并且找到问题的答案**。

试想,如果我们能够真正关注如何激发学生的潜能,学校会不会变成我们期待的样子呢?

图 6-2 总结了两种对立观点,此图由西尔维亚·达克沃里制作。[5]

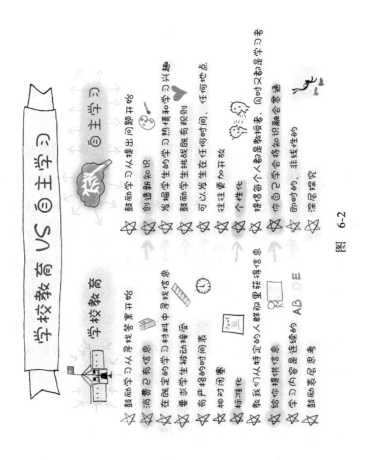

图 6-2

我们生活的世界

如果我们确实想为学生创造如上讨论的学习机会,就必须记住,被动接受的文化无法为学生和教师创造出我们所期望的学习环境。如果要求学习者被动服从,那么就无法有效培养出有生产力的公民,现在不可能,将来也不可能。

有一个说法很让我感到抓狂,"我们要把孩子培养成能够适应他们将来所处世界的人才"。实际上,我们和孩子都生活在同一个世界,这个世界里的所有人都需要培养这种可以让自己不断成长的能力和思维模式。这种培养不应仅仅局限在课堂上,还要利用好校门外的现实生活。激发学生的潜能,让他们在学业和生活中都能取得成功,这意味着我们同样重视学生未来在职场所必须具有的能力。在第2章我提到了托马斯·弗里德曼的文章"如何在谷歌找到工作"[6],他在文中强调了谷歌在招聘员工时所要求的五个特质。

1. **认知能力**:能够快速处理非预定或计划内的事物。

2. **领导能力**:你的领导能力是新锐型的,还是传统型的?作为一个领导者,你能否辨识什么时候应当放权,给员工更多自主权力？

3. **谦逊的品格**：敢于承认"我不知道"，能够放下身段，接受更好的想法。

4. **主人翁意识**：认为公司的问题也是自己的问题，愿意与公司一起努力解决问题。

5. **专业精神**：这个品质之所以放在最后一条，是因为既然你已经知道了以上问题的答案，就不会再选择其他工作了。

弗里德曼在文章结尾所指出的，值得学校关注："如今，创新活动越来越多地表现为整个集体共同努力的结果，在这样的背景下，谷歌也很重视诸多软技能，包括领导能力、谦逊的品格、合作精神、适应能力、热爱学习并且持续学习的热情。无论你在哪里就职，都需要具备这些品质。"

进一步思考

无论是要求学生被动服从的文化，还是引发学生学习兴趣的文化，不仅无法适应教育进步的需求，无法满足谷歌选聘人才的标准以及世界对人才质量的期待，而且还可能对教育产生危害。学校要珍视这些宝贵的"软技能"，并将培养"软技能"视为教育的常态,而非特例。只有当学生和教师都感到自己的学习潜能被充分激发出来,并且主动冒风险时,我们的学校才能不断成长和进步。

讨论问题

1. 如何为学生和教师创造能够激发个人潜能的学习机会和学习体验,摒弃那种只关注如何引发学习兴趣的做法?

2. 基于"学校教育 VS 自我学习"图示,你有什么新的观点陈述?这些陈述是支持其中某一方,还是兼顾两方观点取其中呢?

3. 如何塑造这样的课堂和学校:学生的意见和想法不仅能够被关注,而且真正被需要?

chapter 7

第 7 章

建立共同的愿景

伟大的成就源于伟大的思想。

——维尔费德·彼得森

我曾经在一个招聘会上看到这样一则广告:"阿克梅学区……一个适合工作的地方。"(我把这个学区的名字换掉了,以免冒犯他人。)

哇!这广告,效果实在不尽如人意。广告里没有任何关于这个学区的信息,也没有说明它的服务对象是谁。如果广告的卖点是"这是一个适合工作的地方",那么任何组织或者零售公司都可以把这句广告词放在自己的网站上。即使这个乏味的广告词说的是实情,我们仍然会有这样的疑虑:这个学区的首要关注点是什么?学区的领导和教职员工是如何满足各利益相关方的需求的?

我们的教育愿景不仅要让学生信服,还要让教师、领导者以及整个社区信服,而"这是一个适合工作的地方"不足以表达这样的愿景。在决定如何以最好的方式传达愿景时,我们首先要把愿景确定下来,还要把学习者期待的特色以及理想的学习环境清晰地表述出来。还有一点非常重要，即我们以什么样的方式制定学校或者学区的愿景和使命，这在很大程度上决定了人们是否愿意参与其中，并将愿景和使命付诸实施。

那些参与制定愿景和使命的人是最有可能首先接受它们的人。如果组织想通过一个休假式周末会议来确定其愿景和使命，但是只请管理人员参加，那么结果就是，只有这些管理人员愿意接受这个愿景和使命。但是，如果管理层让所有其他员工也参与愿景的制定过程，那么组织内的所有人便都能投入其中，成为愿景和使命的制定者。为何如此？这就要回到之前讨论过的观念，即改变过去要求人们被动接受或者鼓励人们参与其中的做法，要激发人们主动发挥自己潜能的热情。而要发挥潜能，就必须拥有主人身份和自主权。如果我们想在教育之路上继续前行，就要制定教育愿景并付诸实施，这个过程不能停留在所谓的"自上而下"或者"自下而上"行动方案的层面，而是需要众人拾柴，全员参与。

制定新愿景

拥有 22 所学校的帕克兰德学区，位于加拿大阿尔伯塔省的埃德蒙顿西部。2011年，学区的领导层意识到是时候转变思路了。促动他们转变思路的就是那年为学区制定新的学习愿景和使命的过程——整个社区都被调动起来，人人参与其中。学区的领导不但咨询了学生和教职人员，还咨询了家长和商界领袖；不仅吸引大家积极参与，还激发大家充分发挥主动性，贡献自己的想法。当然，不是每次都能把大家招集在一起面对面开会，对于一个拥有 10 000 名学生的学区来说，这实在难以做到。但是每个人都有机会通过科技的力量分享自己的思考，无论是个人还是团体，所有人都从不同角度对学区目前或将来如何服务学生贡献了自己的想法。创造、创新、探索等词频繁出现，但是被动接受不在其中。

在制定愿景和使命的过程中有这样一个环节，就是使用提示语让人们从不同角度进行思考。这些提示语不是什么路线图，而是启发人们打开思路，思考教育究竟应该是什么样的。比如图 7-1 这张由克莉丝·维诺斯代尔[1]绘制的图就给我们提供了一个很好的例子，说明教育领域完全可以实现思路的转变。像"什么是必须做的""哪些做法是好的""我们漏掉了哪些东西"等问题可以帮助我们展开讨论，让所有利益相关者思考教育的各种可能性，并且为自己所在的学区制定一个新的愿景。

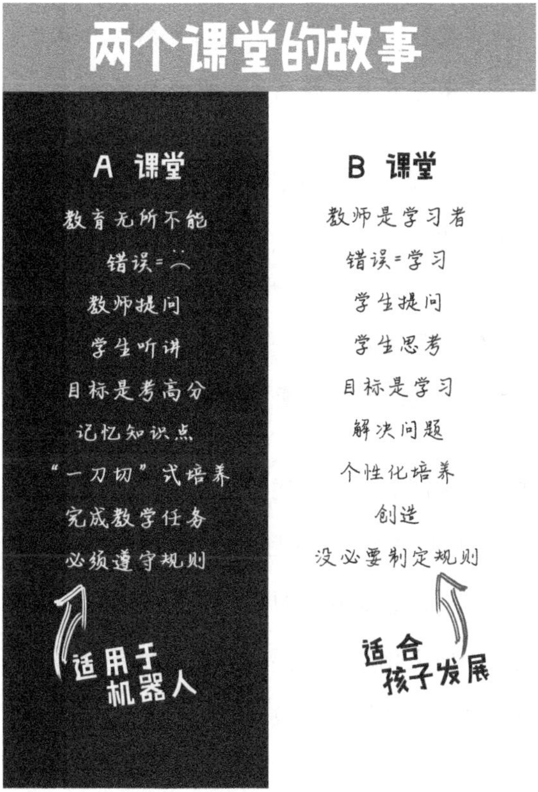

两个课堂的故事

A 课堂
- 教育无所不能
- 错误=😦
- 教师提问
- 学生听讲
- 目标是考高分
- 记忆知识点
- "一刀切"式培养
- 完成教学任务
- 必须遵守规则

↑ 适用于机器人

B 课堂
- 教师是学习者
- 错误=学习
- 学生提问
- 学生思考
- 目标是学习
- 解决问题
- 个性化培养
- 创造
- 没必要制定规则

↑ 适合孩子发展

图 7-1

在投入大量时间和精力将人们的想法进行编辑整理之后，学区的愿景产生了：

> 帕克兰德学区以探索、创造和想象力激发学习热情，是学习者追求梦想、实现梦想之所。

学区使命的制定也经历了同样的过程。使命阐释了如何将愿景变为现实：

> 我们的目标是培养、激励、启发学生成为最好的自己，以适应瞬息万变的世界。

请注意，学区的愿景描述特意使用"学习者"一词，而非"学生"。帕克兰德学区同世界上很多其他具有前瞻思维的教育机构一样，意识到学习——包括所有层面的学习，对塑造学校的创新文化至关重要。想培养创新型学生，我们自己必须成为创新型领导者和教育者，必须首先自我学习，不断成长。

学区愿景最让我欣赏的地方就是，它为自己的学区量身打造，从而避免了泛泛和平庸，并且清晰地阐明：鼓励学区内的所有人去实现梦想。我拿这个故事作为案例，是想说明这个学区是如何支持每一个有梦想、愿意把自己当作学习者的人的,而这里的学习者不仅仅指学生。同时,在所有利益相关者看来,清晰有力的使命阐述也远比"这是一个工作的好地方"更具说服力。

付诸行动

> 没有付诸执行的愿景只是幻象而已。
>
> ——托马斯·爱迪生

愿景阐述应该清晰、直接、易于记忆,同时能够将组织内的每一个人连接起来。"系统性思考"是产生文化变革的关键部分,但是如果不能理解(或者不能迅速解释)如何将宏大的愿景真正在课堂和学习中实现,我们制定的愿景便只是文字游戏罢了。"系统性思考"如果不能付诸"系统性行动",便无任何意义可言。要确保愿景能够实现,我们必须把使命切分成诸多每个个体都可以达成的小目标,而每一个迈向终极目标的脚步都是树立信心、提高能力的过程。当每个人都取得成功时,整个组织也随之受益。

当今课堂教学的八个原则

记住那些激励创新思维的学习环境的特点，可以帮助我们决定哪些行动可以实现学校或者学区的愿景。通过个人的研究和学习，我观察到成功实现愿景的组织，在日常的学习活动中，一般都具备或者鼓励以下八个原则。

1. **有效发声**——学习具有社会性，共同构建知识可以激发学习者的潜能。学生应该有机会向他人学习，同时把自己的学习体会分享给他人。当今世界有太多机会可以分享自己的想法，让别人听到自己的声音。当鼓励学生发表自己的看法时，我们必须教会他们如何才能有效发声。如果我们让学生自己去琢磨如何做到这一点，就太难为他们了。

2. **自主选择**——选择涉及学生如何学习以及学习什么等问题。学生应该如何深化学习，并在自己感兴趣的领域发展专业特长呢？我在大学的头几年过得糟透了，直到后来几年成绩才得以大幅度提高。转变的原因何在？因为后来我在学习中做出了自己的选择，而且开始真正在意自己到底在学什么。提供选择的权利可以让学生找到自己的优势和兴趣，从而使学习有的放矢、富有成效。

3. **自我反思**——课堂时间非常有限。我理解为什么很多教师感觉他们必须抓紧时间完成教学大纲规定的内容,并且想方设法把各种内容挤进课堂内。想要实现深度学习,就得花点时间对所学内容进行融会贯通和自我反思,这样学习者才能更深入地思考,更好地消化学到的知识。正如我们之前讨论过的,宝贵(DEAR)的时间不应该仅仅用来阅读,也应该用来"放下手头的一切,进行自我反思"(DEAR 是 drop everything and reflect 的首字母缩写)。约翰·杜威说过:"我们不是从经验中学习,而是从基于经验的思考中学习。"反思不应该是课堂教学中一个可有可无的部分,或者是可以"利用自己的时间"完成的,而应该成为教师和学生学习过程中的常规组成部分。

4. **创新机会**——在格雷斯通百年中学的"创新周"活动中,我去参观过这所学校,见到了那几个制作气垫车的学生。这辆气垫车是他们用从家里找来的各种零件攒起来的。(我可没开玩笑。)气垫车可以通过遥控绕着体育馆行进,甚至还能载人从一个地方到另外一个地方。设计这辆车的孩子只有八年级。

我问他们是如何完成这个创新项目的,他们说在 YouTube 上看过一个制作类似东西的视频,便采用了视频中的创意，并加入了一些他们觉得必要的其他元素。换句话说，他们的作品创意更新、效果更好。创新对学生来说不能止于一次活动，而应该成为常态，这一点非常重要。而持续为学生提供各种机会，鼓励他们，并且给他们时间去开发和探究创新想法，更是势在必行。

5. 批判性思考——"流水线"培养模式教出的学生听话，基本上属于"按要求做事。"听话对孩子能否长久记住学习内容没什么帮助，但是由此产生的处事态度会伴随他们进入成年。

我有一位好友，也是我做管理工作时的第一位搭档，在决定做任何事情之前，都让我对他的想法提出质疑，并且给出我的意见。为什么这么做呢？因为他想要的是最好的想法，而不仅仅是他自己的想法。他希望我提出问题，挑战他的想法，确保这些想法都能成功实施。他这么做不是想凸显自我价值，而是希望他所服务的教师和学生能够成功。后来我也一直采用这种做法。这么做可能会引发人们之间的热烈讨论，但这背后的批判性思考和质疑精神更是所有组织都应该效仿和践行的。

批判性思考之所以重要的另外一个原因是，我们生活在一个信息爆炸的世界——有益和有害的信息都充斥其中。

只要学生能够识别真伪，知道甄别信息来源的重要性，这些触手可及的海量信息和数据就会对学生裨益无穷。这也是为什么作家、博客作者霍华德·莱茵戈德如此强调"废话检测"的重要性。他解释说："你要能够从错误信息、虚假信息、垃圾邮件、诈骗信息、城市传奇、各种骗局等垃圾信息中甄别出哪些才是准确的信息。这个由海明威在半个世纪以前提出的'废话检测'概念，在当下比在以往任何时候都更加重要。"[2]

我们需要教会学生以尊重他人的方式提出问题，让他们具备挑战他人观点的能力。这么做不是为了挑战而挑战，而是帮助所有人共同进步。

6. **解决 / 发现问题**——如之前讨论过的，我们培养的这代人不仅要有能力解决问题，还要有能力发现问题。梅根·霍华德校长跟我分享了一个非常精彩的故事：她的一位六年级学生"发现"有几个学生把校服弄丢了，于是他建议使用二维码把学生和校服绑定起来，这样就可以通过二维码找到丢失的校服。这是学校毕业项目中的一个案例，项目要求学生发现影响社区发展的问题，然后利用一段时间做调研，找到解决方案。越来越多的学校正在为学生创造类似机会，激励他们通过自我主导的项目去做一些能够对现实世界产生影响的事情。就让我们从现在做起,鼓励学生去发现问题,然后带着目标去解决现实中的问题吧。

7. 自我评价——我还没听哪位教师说过"我天天盼着给学生填写学业报告单"。说到填写学业报告单,这个工作都是由教师完成的。他们往往要花费大量时间收集信息,让大家知道学生都学到了什么,现在能够做什么。如果报告单上写明学生 10 月能够做某件事,可到了来年 1 月他们还没做到,那么这个报告单还有什么意义呢?我们不要越俎代庖,要教会学生如何对自己做出评价,实现不同形式的自我反思。只有这样学生才能成为自己学习的主人。

我觉得我们花了太多时间去记录学生的学习成果。相比之下,用于激发学生自主学习的潜能,帮助他们认清自己的优势的时间就显得相形见绌了。建立电子文件夹是学习者分享知识、记录学习进程的一个好办法。回顾学习过程可以帮助学生清楚自己的学习成果、目前的状态以及未来努力的方向。

8. 联通学习——我刚开始教学生涯的时候讲授的课程是科学课,这对我来说非常困难。以前上学的时候科学课就很让我头疼,当教师之后还是一样。即便是现在,我仍然不是科学课教师的最佳人选。但是科学家不一样,他们可以成为最好的科学教师，这就引出了"互联学习"的概念。如今，我们可以通过 Skype、FaceTime、谷歌 Hangouts，以及其他类似的社交软件，与各个领域的专家联通起来，分享他们的专业知识。当然，现代科技不是与专家建立连接的唯一手段，我们也可以把当地的专家请到学校来为学生授课。在这个过程中，教师的作用是设计课程、调动课堂，让学生充分参与、认真学习专家讲授的知识，并通过所学创造新知识、形成新见解。科技的发展让我们与各个领域的专家之间建立起通路，让他们的知识成为课堂学习的一部分。这在 10 年前根本无法想象。

另外一种可以让人们联通起来的方式就是社交媒体。学生可以通过社交媒体从他人那里得到反馈。就像四年级教师凯莉·赫顿（@kholden）一样，很多教师让学生在社交媒体上分享自己的想法，并且将来自世界各地的专业意见融汇其中。我甚至参加过一个学生举办的"博客启动"聚会，他们自己动手写博文，然后把文章放在网上与大家分享。

如果你要学习太空知识，是想跟宇航员学还是跟老师学呢？答案似乎显而易见，我们当然都希望从专家那里学习专业知识。既然如此，那就让我们好好利用这些科技带来的优势吧。还有一点更重要,我们要教会学生如何自主利用这些强大的学习机会。

从愿景到现实

在之前的章节中,我谈到过如何将他人的思想与自己的想法融汇起来,以满足我们自己独特的需求。2015 年我把以上八个原则写入一篇博文,[3] 西尔维亚·达克沃思据此创作了图 7-2。[4] 这幅图不仅非常富有创意,还可以帮助那些喜欢图说的学习者更好地理解文字内容。

图示往往可以激发新的创意,特别是当我们与他人分享的时候。当帕克兰德学区的领导团队带着西尔维亚创作的图示与学区的学生顾问团进行讨论时,师生间就碰撞出了很多新思路。领导团队征求了学生对图示的看法,鼓励他们和老师进行讨论。师生间围绕如何(是否)在课堂上实现这八个原则展开了热烈的讨论。我发现,通过打印出来的文字、图像以及讨论而激发新想法的过程,激发了学生与老师分享学习成果的积极性,从而对教育模式以及学生的学习体验都产生了积极的影响。这才是这个过程的价值所在。

图 7-2

重申一下,"八个原则"不是课堂教学必须遵循的所谓路线图,而是点燃思想、激励创新的火种。学校经常投入大量时间为学生制定愿景,却从来不征求学生的意见。如果我们能够倾听并且尊重学生的意见,就可以与学生一道共同建构有的放矢、因材施教的学习体验,让愿景成为现实。

"如果怎样,会怎样"的假设

在为学校制定新愿景以及实现愿景的策略时,我发现被我称为"如果怎样,会怎样"的思考过程非常管用。这个过程会让你敢于大胆设想,同时明确在前进过程中对你和组织来说什么才是最重要的。

如果我们相信那些能够造就优秀学校的优势已经存在于组织之中,并将这些优势进一步发挥且在组织内分享,结果**会怎样**呢?

如果学校把所有人都当作学习者,而不仅仅把学生当作唯一的学习者,情况**会怎样**呢?

如果管理者鼓励所有教师和学生敢于冒险,并且公开率先垂范,情况**会怎样**呢?

如果我们聘用的教师不把教学视为一种"职业",而是一种"激情",情况**会怎样**呢?

如果我们鼓励包括学生在内的所有人去追寻自己的梦想,情况**会怎样**呢?

如果我们重视与当地和全球学习者的联通学习,情况**会怎样**呢?

如果我们的首要关注是人,而不是物,情况**会怎样**呢?

如果我们能够认识到学习者的优势并让其充分发挥,情况**会怎样**呢?

如果我们激励学生无论现在还是未来都要心怀改变世界的理想,情况**会怎样**呢?

进一步思考

未来属于那些先人一步看到潜在可能的人。

——约翰·斯卡利[5]

在一个鼓励所有学习者追寻梦想的地方,这些"如果怎样,会怎样"的假设都会变为现实,关键是如何为学习者创造机会,排除前进中的障碍。我父母当年来到加拿大,没有去创造任何他们之前已经拥有的东西,而是为自己和家庭创造了更好的东西。梦想固然重要，但只有为教育创新营造必要的环境，梦想才能变为现实。

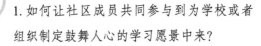

讨论问题

1. 如何让社区成员共同参与到为学校或者组织制定鼓舞人心的学习愿景中来？

2. 你们的愿景（个人层面或者组织层面）能够体现为学习者提供了充分的学习机会吗？对学习者来说，这个愿景有说服力吗？能够激发学习者的潜能吗？

3. 为将愿景变为现实，你都采取了哪些小步骤？

THE INNOVATOR'S MINDSET

第三部分
释放学习者的潜能

至此，我们重点探讨了如何定义创新，如何为创新文化奠定坚实的基础，让创新思维成为学校的常态思维模式。需要重申一下，创新是一种思维模式、一种思考方式、一种能够创造更新更好事物的思考能力。我们可以通过在组织内部建立信任与合作，促进从教者和学习者为推动学校发展而敢于冒险。

在后面的章节中，我们会关注领导者应该以何种方式领导才能充分释放人们的潜能。我希望你能看到，尽管理解创新的含义很重要，但是照本宣科远远不够，指望"自上而下"推动创新的心态更是不切实际。我深信，作为教育领域的领导者，只有当你能向服务对象证明，你不是命令他们去创新，而是愿意与之共同创新时，你的工作才会卓有成效。改变必须从自身做起，在帮助别人进步之前，首先审视一下自己是否已经开始行动，还是仍然无动于衷。唯有如此，才能将人们的潜能充分释放出来，塑造一个充满生机的创新文化。

chapter 8

第 8 章

基于学习者优势的领导力

当我们将关注点放在自己的优势和日常收获上，不去刻意关注失败时，学到的就会更多。

——汤姆·拉思[1]

成功是通过发挥优势，而不是消除劣势来实现的。

——玛丽莲·沃斯·萨万特[2]

我们来看一下这个在教育实践中经常出现的情况：一个学生数学学习困难，为了帮他取得好成绩，老师给他布置了额外的数学家庭作业，甚至建议他多上一节数学课代替选修课。结果往往是这个孩子的数学非但没有任何进步，反而开始讨厌数学和学校了。

记得我们在上一章中谈到的"如果怎样，会怎样"的假设吗？如果我们不再使用这种只盯着学习者弱项的缺陷模型，而改用一种基于学习者强项的优势模型，结果会怎样呢？要激发学生的潜能，就必须帮他们找到自己的兴趣爱好，创造能够鼓励其发挥优势的学习体验。

如果学生擅长写作，那就创造更多机会发挥他们的写作特长。如果他们热爱科学，那就寻找机会充分发掘他们对科学的热情。如果我们能够做到这些，那么我们的教育该是一幅多么美好的图景啊！

不幸的是，我们经常把孩子的兴趣当作交换条件，我们会对孩子说："不把那个你不喜欢的事情做完，就不能干这件你喜欢的事。"刚当老师的时候，我就没有鼓励学生去享受体育课的快乐，而是威胁他们说，如果不完成其他科目的作业，就不能上体育课。尽管这种方法根本不管用，但是在我当学生的时候老师就一直在用，所以我觉得我也应该用这种办法对付我的学生。尽管学生也能勉强完成我布置的作业（服从型），但是这么做终归会影响我和学生之间的关系。如何才能避免这种情况呢？

需要澄清一下，关注优势不等于对劣势视而不见。相反，优势模型能够鼓励学生改善他们的薄弱之处。记住：成功有助于提升能力，建立信心。所以说，如果学校是一个能让学生感觉自己可以成功地方，他们的自信心自然就会建立起来。通过持续为学生提供拓展优势的机会，学生提高了学习技能，增强了自信心。每次战胜困难的过程都有助于他们理解对于他们来说某些科目比较容易，而某些科目比较难，但是他们是有能力学好的，而且可能学起来还挺有意思！如果这时教师能够对学生刚刚建立起来的成长型思维模式进行有效引导，就能帮助他们提高那些较难科目的成绩。

通过有效领导创造更好的教育教学环境

教师往往通过模仿学校文化所倡导的以及自己亲身经历过的学习体验来设计课堂学习，所以当教师来自一个基于缺陷模型建立的文化时，他的思维方式往往会在课堂教学中体现出来。利用考试数据来确定和处理学生学术表现的薄弱环节就是一个例子，这种做法让很多教师感到信心受挫。

最近我在《多伦多太阳报》上读到一篇标题为"识字率虽有提高，但数学成绩依然糟糕"[3]的文章。这篇文章把全部重点都放在了分析学生的数学成绩上。文章中没有一句话是祝贺该省识字率提高的，通篇都在讨论该省的数学教学没有达到标准。那么安大略省是不是应该无视学生的数学成绩，采用一种"有得有失，喜忧参半"的态度呢？当然不是，但也不应该只关注学生数学成绩下降这件事。到现在我们还在教育领域玩这种"打地鼠"游戏，一个问题冒出来，便投入全部精力应付，另一个问题又冒出来，就再全力对付，循环往复。

我们不该倾尽所有优势力量去对付那些困扰我们的问题，但是这种情况一而再再而三地发生。缺陷模型迫使管理者和从教者矫枉过正，花费太多精力去修补所谓的问题。这样,即使我们手头的工作干得再漂亮也会很快被遗忘。结果就是,一个充斥着"我们还不够好"暗示的环境,可能会挫败所有利益相关方的士气,阻碍组织进一步发展。

作家、人类行为研究者汤姆·拉思在他的著作《盖洛普优势识别器 2.0》(*Strengths Finder 2.0*)中提到:"那些有机会每天关注自己优势的人,对工作的投入程度大约 6 倍于其他人,生活质量也高出常人两倍之多。"[4] 所以,我们要确保教师和学生都有充足的机会在自己擅长的领域里进行探索和实践。

但这并不是说作为领导者的我们可以袖手旁观,让教师和学生听天由命、自我成长。拉思的研究结果显示,当管理者关注员工的优势和长处,而不是盲目假定员工的某些优势会自然生长时,员工会对工作更加投入。他指出:

> 2005 年,我们对以下几种情况进行了比较研究:第一种情况是管理者特别关注员工的优点,第二种情况是管理者只盯着员工的缺点,第三种情况是管理者完全忽视员工的存在(见表 8-1)。研究结果颠覆了我的认知,原来消除在各类组织中蔓延的消极状态以及极端负面情绪竟然如此简单。[5]

表 8-1

管理者对待员工的不同态度	员工采取消极怠工态度的可能性
忽视你	40%
盯着你的缺点	22%
关注你的优点	1%

从表 8-1 可以看出，一个忽视你的管理者远比只盯着你的缺点的管理者更具破坏力。最令人吃惊的是，如果管理者特别关注你的优点，竟然可以大幅降低工作可能对你造成的折磨。这说明如果我们能够帮助人们发挥自己的优势，每天蔓延在各种工作场所的消极状态是完全可以修复的。

这一点对我触动特别大，忽视员工竟然比关注员工的缺点产生更加负面的影响。我经常听到从教者谈及领导如何忽视他们。我清楚（也讲授这方面的内容）信任和自主性是产生积极性的根本要素，但是，我们是由很多个体组成的群体，有更加宏大的教育目标要完成。只有教师和领导者共同努力、互相推动，才能让我们变得更加强大、高效。如果我们相信拉思的研究结果（我相信），那么"让他们自己去做吧"就不是解决问题的最佳方案。

卓越的领导者不但能为学习者提供强有力的指导，还善于平衡给予学习者的信任和自主权。所谓领导，不一定非要指挥人们做什么或者怎么做，而是要通过提出问题、挑战既有观念推动人们深入思考、增长才干，而且不在细枝末节上指手画脚。

只有能够感受到有人真心帮助我们成长的时候，我们才会让自己变得更好。找到那些能够促动你产生更好、更聪明想法的导师，而且将来要像他一样去指导向你学习的人。领导者的作用就是让人们充分发挥优势、发挥才能，不能对人们的优点视而不见。

我们要认识到，其实很多时候我们已经具备了一切塑造创新文化的要素，只需要搞清如何有效发挥它们的作用。

错误的方法

刚做校长的时候，我真心希望能够为学生写博客提供帮助。对我来说，这意味着教师和领导者也需要动手写博客。我无知地认为，如果教师能够意识到自己在写博客这件事上已经落伍，明白摆脱困境的唯一办法就是亲自动手做起来，我就可以鼓励他们动手写博客了。而这种做法恰恰是教师经常对学生使用的手段，也是我最痛恨的做法。尽管有些教师勉强照做了，但我很快发现这对于塑造我所期待的学习文化根本没有任何效果。

其实最有效果的做法就是花时间和教师一对一交流，着眼于他们教学工作的长处，而且有意强调并且明确表达他们的优秀之处。我希望通过强调个体在不同方面的优势，推动学校在各个方面的进步，而不是仅仅停留在写博客方面。我没有说"我们需要写博客是因为我们在这方面已经被学生远远甩到后面了"，而是说"我看到你们在很多方面做得非常好，如果其他教职人员能够学到这些本事肯定会受益无穷。你们愿意坐下来和我聊聊，考虑一下是否要把这些专长通过博客发表出来吗"。我们要把发掘这些优势作为推动事业发展的第一要务，同时也要对那些已经在学校里发生的积极变化给予充分肯定。

从一流上升为优秀所耗费的精力，要远远小于从无能进步为平庸所耗费的精力。

——彼得·德鲁克[6]

量身定制

帕克兰德学区副总监凯莉·威尔金斯就非常擅长发掘他人的长处。我们刚认识时，她是校长，我是教师。在开始为她工作之前，我就知道她的工作方法与众不同。我应聘的是一个开放性职位，没有固定的工作职责（中学教师，具体年级未定），所以在招聘时她就可以有很大的自由度。我刚开始教的是小学，然后教高中，没有太多的中学教学经验。我把情况跟她如实讲明了。她在我的简历和个人文件中发现了我的一些独特优势，并根据这些优势为我量身定制了一个工作岗位，没有把我放在某个既有岗位上。一位曾经和我共过事的学区总监说过："我们不会让人去满足工作的需求。我们找来最优秀的人，让工作满足他们的需求。"凯莉在她的职业生涯中一直践行这个理念，她也因此成为我们学区有名的能够发掘员工潜能的领导者。虽然我的教学任务，比如教什么课、教哪个年级都是学校安排的，但是还有一部分工作职责是学校根据我的知识和经验优势为我量身定制的，即如何有效利用科技手段提高学习效果。凯莉希望在遵循必要标准的同时，能够通过内部创新尽量为我创造机会，我当然也以同样的方式对待学生。

你可能也注意到了，在学校或者组织内，如果一个人在某个岗位上表现优秀，或者某所学校做了什么了不起的事情，其他组织就会纷纷效仿，也会设置同样的岗位，但是效果不可同日而语。为什么？因为岗位本身不能成就任何事情,岗位上的人才是关键。基于员工的优势为他们提供发展机会,一定会得到更多回报。

通过互相成就来成就共同的事业

我开始接手这个工作(一直都没有岗位名称)时,其中一个工作职责就是将科技融入教学活动。以前我教过计算机课,主要内容就是教学生应用科技的能力。目前的岗位要求我教会学生如何利用科技提高其他科目的学习效果,比如英语课和历史课。身为校长的凯莉目标清晰,让我明确她希望我做什么,并且鼓励我以我认为最好的方式开展工作。

开始时,这门课的课程安排是每周每个班级上一次课,时长为40分钟。有时,我想给一个班级连上两节,但是学校的课程时长是固定的。我觉得这种排课方式有点问题,但考虑到自己初来乍到,不好贸然打破既有规定。但是根据之前对凯莉的了解,我认为她的首要关切永远都是对孩子是否有利。于是我找到凯莉,告诉她我对那门课上课时长的调整建议,以便让学生更深入地学习技术方面的内容。我说目前的上课时间太短,建议每个班级至少连上一周,或者两周,为教师和学生提供深度学习的机会,这样学习效果应该会更好，而且如果用完成项目的方式代替传统的授课方式学习这门课程，收效就会更理想。听完我的想法，她说："你是作为这个领域的专家被招聘进来的，就按你认为最好的方式做事。"

凯莉一直希望人们去不断尝试新事物，但必须以"对孩子最有益"的原则为前提。如果能给孩子带来更好的机会，我们就有必要去尝试那些与众不同的事情。凯莉用事实证明，她甘愿冒这样的风险，而这正是领导能力的关键所在。如果组织的领导者不愿意身先士卒冒险创新，不愿与人们分享自己的创新经验，不去自我提高，其他人当然也不会心甘情愿去冒险。凯莉创造了一个促动人们思考，寻找更新且更好的解决方案的环境，为人们树立了最好的创新榜样。但是她从不在细枝末节上过度管理，也不强迫人们做到完美无缺。

学习是个麻烦活儿，我们要习惯于学习过程中经历的冒险、失败、成长和修正。一旦看到领导者敢于冒险，人们便更愿意尝试新的想法，发掘自己的潜能——当然也要让学生的潜能充分释放出来。为人们冒险打开绿灯，让他们发挥自己的才能，这样我们就会共同创造一个让创新思想和创新学习开枝散叶的健康空间。

他们不去猜想一个人是否聪明,而是要弄明白这个人究竟聪明在哪里。

——莉兹·怀斯曼等[7]

你梦想的工作

我从凯莉身上学到很多东西,而且至今还在继续向她学习,我对此心怀感恩。正如有人能够激发别人发现最好的自己一样,凯莉教会我很多关于如何充分利用他人的优势,给予他人为自己创造机会的机会。就像莉兹·怀斯曼和格雷戈·麦吉沃思合著的《成为乘法领导者:如何帮助员工成就卓越》(*Multipliers*)一书中所说的:"发现人们的天赋是打开自发努力的钥匙。它激励人们全力以赴,启动全部智慧,超预期高标准完成工作。"[8]想知道人们的优势所在,有时最好的办法就是去问他们本人。

做校长以后,我在每年的员工岗位安排开始之前都会给全体教师发一封这样的邮件:"我们目前正在安排工作岗位,如果让你描述一下你的梦想岗位,你会怎样描述呢?"

当然,如果你说想当宇航员或者电视真人秀明星,那肯定会有很多东西可以说。我们想在学校这个语境中,知道我们能为教师创造什么样的机会。

提出这个问题的重要性就在于提出问题本身。我们不敢保证一定能为教师创造他们梦想中的岗位，但如果不鼓励他们说出来，我们又如何了解他们的真实想法呢？我记得一位小学教师说，虽然他很喜欢教五年级学生，但是如果能教幼儿园和一年级学生那就太好了。有意思的是，另外一位一年级的教师想要教年级高一些的学生。这就简单了，把两位教师的岗位对调一下就可以了。两位教师都如愿以偿，教上了自己心仪的年级。他们心存感激，都觉得这个机会简直太难以置信了。

还有一位教师说他本学年特别想教某门课，对学校安排的这门课没什么热情。当然，无论教哪门课，他都愿意和学生一起学习，但他清楚如果能教那门自己特别喜欢的课，教学效果会更好。通过几个简单的调整，他如愿以偿，教上了自己擅长的课程，表现果然非常出色。

我还记得有位二年级教师的回复也印证了这种做法的必要性。她写道："我的梦想就是教二年级，而且我现在教的就是二年级。但是我想告诉您，非常感谢您能问我这个问题。"

我们不仅要重视为学生提供机会，让他们去尝试新事物或者去做自己喜欢的事，也要为教师提供同样的机会。有时，人们不敢把自己想要的东西说出来，因为他们没想到梦想竟然可以成真。我和学校的其他管理者都认为，如果人们能在自己热爱的岗位上工作，便更有可能获得个人成功，从而提升整个组织的水准。让我感到惊喜的是，很多时候满足人们的要求是完全可以做到的。

我的一位同事，目前帕克兰德学区的总监卡罗琳·詹森和我分享了她对这种提问方式的看法：作为领导者，我们给教师提出的问题，不应该只适用于当年，还应该能够为他们的未来创造机会。她说：

> 我们还可以提出另外一个重要的问题："你对自己未来3~5年的职业规划是什么？"如果学区办公室正在寻找学区委员会工作人员的合适人选，而我们恰好知道哪位教师可能对进入领导团队感兴趣，那么通过这个问题就可以得到非常有价值的信息。当职业空间和领域不断扩大时，教师职业学习和同事间的社交联络也可以随之建立起来。如果教师对学生充满热情，愿意为他们组织特别的活动或者带来特别的机会，就会帮助学生成长。同样，如

果管理者关注教师的职业发展，教师也会获得职业成长。当教师感到自己受到了关注，就像学生得到老师的关注一样，我们实际上已经走在创建创新文化的路上了。

卡罗琳提醒我和其他人，当我们对我们的服务对象表达真诚的关注，并且竭尽所能帮助他们在自己热爱的领域获得成功时，他们的工作就会更加出色，远超预期。

主动权的重要性

一旦将基于学习者优势的领导力置于核心位置，你就要把激发教师潜能以及引领组织前进方向的主动权交给教师，这一点非常重要。几年前和一位新入职的同事一起工作时，我提议把教师职业学习的范围限定在我们学校内。之所以没有到外面找专家，是因为我们学校的教师的专业能力就可以满足学习的要求。我建议今年的学习只关注三个领域。根据员工反馈回来的意见，他们想增加一项学习内容，包括技术整合、人际交融、批判性思维，以及公民和社会责任。每个领域的学习由一个团队负责，所有团队都由校内员工组成。我唯一的要求就是，教师所加入团队的学习内容必须是他们的强项或者自己感兴趣的话题。我希望每一位教师都能够加入一个自己擅长、能够激发热情的团队，避开那些自己不擅长的领域。我相信他们对话题的兴趣越浓，学习效果就越好。

我让每个团队都制定一个目标，并且确定达成目标的方法。我的想法是，他们作为各个领域的专家，应该清楚我们要达成什么样的目标，也有能力为学校制定指导原则。我作为校长，负责监督计划的制订（我也被分在一个组当中，不是作为老板，而是作为一个组员，这是活动成功的关键所在），但我很清楚，组织要发展，要实施创新举措，必须要让教师感觉到自己是学校的主人，且对整个过程和结果拥有充分的主动权。这就是达成"我们的目标"和达成"我的目标"的区别所在。

发掘所有人的优势和热情，与人分享并互学所长，让我们的教师职业学习过程充满创新和能量，这是我以前从未经历过的。每个小组都想出很多办法来实现自己的方案，以及提高学生和教师的学习效果。当我们互相支持、互相学习的时候，我们实际上也在推动彼此成长为更好的自己。教师和行政人员都视对方为专家，对彼此的贡献和专业成就表示尊重。这次学习的一个额外收获是，教师都把这种小组学习方式和学生引领学习的方式用到了自己的教学实践之中。学习中大家有机会了解到学校其他人的工作内容，发掘出能够创造更多高效学习机会的好办法。

进一步思考

关注个体优势有助于实现学校的愿景，让创新的萌芽成长为枝繁叶茂的创新文化。当每个人的特殊才能都能得到重视并且能够帮助学校实现学习愿景时，学校才能实现真正意义上的改变。不要总是依据缺陷模型盯着自己的不足，一定要在关注个体优势的基础上创造一个良好的环境，让人们感到课堂教学乃至整所学校都有清晰可循的目标。这与我们之前在第 4 章讨论过的如何鼓励教师从班级教师到学校教师的观念转变是一个道理。

当你在寻求学校或者学区的改变和提高时，一定要认识到其实很多实现目标的优势因素就在组织内部，你要做的就是让员工的才能得到充分发挥。你要以上率下，让自己首先具备那些你希望员工具有的品质——合作、冒险、尊重，愿意学习他人所长，既要向团队成员学习，也要从课堂中学习。

　　如本书之前所阐述的，关系是学校教育中的关键因素。当你一直以"这是我们需要提高的地方"开始与员工交谈，或者告诉他们如何正确完成某项工作时，你其实在塑造一种顺从文化，让人们怀疑自己是否还有任何价值可言。如果你刚就职于一个组织（或者已经在那里工作了一段时间），我建议你最好先退而静观，确保你能够看清人们的闪光之处，然后充分发挥这些优势，以推动组织发展。你觉得人们会在自己讨厌的领域中培养创新精神吗？

讨论问题

1. 你所在组织的优势何在？你是如何继续发挥这些优势的？

2. 你服务的人群各有哪些优势？你是如何将其放在适合的位置从而让这些个人优势得以充分发挥的？

3. 你是如何平衡"原则指导"和"微观管理"之间的关系，从而保证人们在冒险创新时感觉自己得到了支持并且心情舒畅的？

chapter 9

第 9 章

高效学习优先,技术手段其次

与洞见力和理解力相比,观点可能只是个危险的奢侈品。

——马歇尔·麦克卢汉 1[一]

[一] 20世纪原创媒介理论家,著有《媒介即按摩》《媒介与文明》《指向未来的麦克卢汉》等。

旅行出发前，我发现我哥哥在 Twitter 上发布了一个侄女贝亚的视频。侄子、侄女们那么可爱，任何有关他们成长瞬间的视频，我从来都不会错过。点开视频以后，我完全被这个小家伙的操作惊呆了。贝亚在观看了一个化妆教程以后，决定开设自己的化妆视频课。她很认真地展示了化妆品的不同色彩，然后一一讲授从涂眼影、画唇线到涂睫毛膏、打腮红等全套操作（得有个人指导我一下这些东西都是什么）。她可是一个只有四岁的小女孩。

贝亚简直太可爱了（我知道自己偏爱侄女，但是我很严肃地推荐你去 YouTube 上看一下"贝亚的化妆课"视频[2]），但这个视频真正触动我的地方在于孩子在开始学校教育之前，如何才能获得既能向他人学习，同时又能让别人向他学习的机会。科技发展让我们得以实现从参与性学习到自主性学习的转变。这种转变不仅帮助我们使用现有知识，更能创造新的知识，从而使学习更加深入。约瑟夫·朱伯特的观点非常具有说服力："教别人一次相当于自己学习了两次。"[3] 人们从来没有像今天这样，通过与观众分享和建立连接让自己获得"学习两次"的机会。

是 21 世纪的学校，还是 21 世纪的学习

一个拥有最新科技设施的学校，从每个角度来说都非常现代化，完全可以称作 21 世纪的学校，遗憾的是它却没有提供 21 世纪的学习环境。如果这些先进设备只是为了获取那些从课本中就可以学到的信息或者用来上交作业，那么它们的价值便和 1000 美元一支的铅笔没有任何区别。这让我想起了梅尔·布鲁克斯的老电影《神枪小子》。为了迷惑入侵的坏人，小镇居民建了一个假镇子。一阵大风刮过，假镇子全部倒塌，居民陷入危险之中。仿造的小镇只是假象，小镇的情况根本没有发生任何改变。同样，把一大堆高科技设施扔进教室，而思维和教学方式还停留在以前的状态，这些设施不过是装点门面而已，根本不是深入骨髓的真正变革。

迈克尔·弗兰是多伦多大学安大略教育研究院前任院长，同时也是一位科研人员。他比喻说："学习就像司机，

技术手段好比油门。"我同意他的这个说法，但是如果技术手段影响了我们对学习机会的真正理解，我们便会陷入这样的风险——虽然很快就看到了成果，却与学习者毫无关系。我们做决策时自然应该围绕学习这个中心，但是必须首先明确当今世界能够给学习者提供什么样的学习机会。

我建议将弗兰所说的"学习就像司机，技术手段好比油门"改为"学习者就像司机，技术手段好比油门"，让责任落到学习者身上，激发他们掌控自己学习的潜能。科技让我们能够加速、增强，甚至重新创造学习。我们作为从教者和领导者，要承认自己也是学习者，竭尽所能将新的机会充分利用起来。只有全身心地投入到学习之中，才会让我们更深刻地理解技术手段可以带给学生怎样的机会。关注学习者不只是关注学习本身，还要在更高层次的道德维度，通过学校教育和课堂学习为学生提供充足的机会，充分利用各种有效途径，更好地激发学生的潜能。

技术"只"是一种工具吗

"技术只是一种工具而已。"

对自己在教育生涯中太过频繁地发表以上看法，我深感愧疚。回顾过去，我相信在句子中塞进一个"只"字，会让人感觉技术至多不过是一个选项而已。科技可以带来颠覆性的变化，提供前所未有的机遇。你可能在网上看过这样的视频——那些有听力障碍的人戴上助听器后第一次听到声音时的反应。我最喜欢的一个视频叫作"拉克兰佩戴助听器的初体验。"[4] 小男孩拉克兰在七个星期大的时候第一次使用助听器，当他听到人们讲话的声音时，眼里充满了惊奇。房间里的大人都非常激动，感叹科技的力量以及发明人的独特设计为这个小男孩带来的机遇。

我不需要助听器，但是拉克兰需要。助听器这项技术对拉克兰来说实在太重要了，可能会改变他的命运。

这个视频让我重新思考"技术只是一种工具而已"的说法是否合适，但同时也让我意识到，当我们试图理解科技可能为个人发展带来怎样的机遇时，很多时候我们的教学活动被技术束缚了手脚。

技术手段应该个性化，而不应该标准化。科技给拉克兰眼中带来的光芒，恰恰是很多学生在学校教育中失去的，这在很大程度上是由程式化的教育造成的。其实我们现在比以往任何时候都更有机会带给学生拉克兰眼中的那种光芒。比如说，一个很发怵在课堂上发言的学生，如果能通过视频、微博或者播客等其他媒介发表言论，他们就会感觉很轻松。那些对自己的动手能力不太自信的学生，现在可以通过像"我的世界"这样的应用程序，创造属于他们自己的天地，还可以通过编码或者网站设计来展示自己的艺术天赋。其实还有无限可能等待我们去发掘。

以学习者为中心做决策

即使我们心里特别希望以学生愿意接受的方式去教学，可有时还是死守那些我们觉得容易的、已知的，或者舒服的方式。几年前，我们学区给每个管理者发了一部黑莓手机。目的很简单，领导层希望在发生紧急情况的时候能够通过手机和人们保持通信畅通。那时，大多数管理者都没有手机，或者根本就不想要这玩意儿。一位校长特别强调，有生之年他是绝对不会带着手机到处走的。（这个人目前健在，而且使用手机。）多年之后，虽然黑莓手机仍然是教学技术部的首选，但是已经不适合管理人员使用了。

对我们加拿大人来说这种境况有点伤自尊，但是必须承认，与搭载安卓和 iOS 操作系统的手机相比，黑莓手机并不是特别好的学习设备，它是为满足商务人士的需求设计的。

教学技术部和管理人员已经适应了黑莓手机的功能，很多人不愿意去发掘其他移动设备的功能。当然，他们是不会为学生提供移动设备的，因为人们普遍有这样的疑虑：怎么能让学生上课时接听电话或者收发电子邮件呢？但是当我们开始尝试使用 iPad 和 iPhone 等其他移动设备时，人们的态度逐渐发生了变化。这些亲身经历的学习体验让我们重新思考如何以不同的方式为学生提供更新、更好的学习机会。

上面这段文字不是讨论哪款手机最好，而是探讨转变思路的必要性，让科技为学生提供更好的学习机会。从教者一旦开始尝试使用这些设备，就会发现学习体验发生了深刻变化，同时也为学生创造了更新更好、不同以往的学习机会。

不幸的是，当学校提供的智能手机只允许用来"工作"时，教师就会错失科技可能带给我们的无限可能，当然学生的情况也是一样。更糟的是，学校或者学区买来设备以后，教师或管理者的反应往往是"我们用它做什么"。一位学区办公室的管理者告诉我，有所学校一下子买了 150 部 iPad，原因是 iPad 降价了，每部便宜了 50 美元。后来学校的一位校长打电话给她："刚刚收到了新买的 iPad，我们用它做什么呢？"在资源相对匮乏的教育领域，如果搞不清楚技术设备能为我们做什么，那么结果只有一个——以高昂的成本继续传统的教学。现在我们花点时间，从以学习者为中心的角度，好好了解一下科技到底能为我们做什么，不要再稀里糊涂地买进高科技设备，然后傻傻地问"我们能用这些设备做什么"。

领导、学习、分享

我们都知道，如果想让学区的教师看到我们正在有效利用科技的力量，就要让他们亲眼看到并且亲身体验这些新的学习方式。抱着这样的想法，我们开始了特别为教师设计的"学习领导力项目。"这个项目是我们从其他组织学来的成功经验，课程内容全部与技术相关，共12次课，完成所有课程的教师都得到了一台笔记本电脑。后来我们对项目进行了重新设计，允许所有参与教师用项目提供的设备探索学习机会，还鼓励他们在整个过程中分享所学。完成项目学习以后，学员的领导力都得到了提升。项目要求所有参与教师回到自己学校以后，要与同事分享至少两次课的内容。我们还将课程从12次调整为6次，将每人一台的笔记本电脑换成了iPad。

我们要求学区内所有学校选派一名教师参加这6次课

程（如果他们能拿出更多预算，可以派更多人参加。很多学校都派出了不止一个人）。参加项目的教师不一定对技术非常擅长，但是需要具备以下条件：①对技术可能带来的学习机会兴趣浓厚；②是本校教师的带头人。为了让教师熟悉设备的使用，课程开始前两个月就把 iPad 发到他们手里，他们想怎么用就怎么用——可以自己摸索着学习，可以打游戏，也可以让家里的孩子使用。

这个项目的初衷是为学员创造学习机会，并帮助他们提升领导能力。iPad 根本不是什么激励学员的奖品，而是获取信息和机会，从而更好地提升学习力和领导力的工具。另外，iPad 所蕴藏的无限可能、创造能力，以及大量的应用软件，让学习和分享既轻松又有趣。

我们决定不把学习重点放在如何使用 iPad 的应用上。学员从幼儿园教师到 12 年级教师，背景各不相同，不太适于统一讲授怎么使用 iPad 的应用。没有人愿意浪费一整节课的时间学习那些和自己关系不大的内容，所以我们设计了这样的培训内容——如何利用技术优势探索新的学习机会。我们想让学员充分掌握自己学习的主动权，找到自己的学习方式，所以在发掘技术潜能的同时，我们还花了很多时间讨论教育理念。为什么这么做？因为如果从教者不能回答"为什么"这一问题,就永远不会去思考"如何做"和"做什么"等问题。

我们还想营造一种氛围,让学员不仅仅从课程组织者那里学习,还能从其他学员身上学到不同的东西。无论是观看 YouTube 视频、与其他教师在 Skype 上聊天,还是面对面交谈,目的只有一个,就是大家互相学习。这样的体验深化了学习效果。正如西摩·帕佩特所说的,教师太需要这样的学习机会了。这些机会不仅对教学工作大有裨益,还成就了教师的个人发展。

> 如果想做一个更好的木匠,就得先去找来一个好木匠,和他一起做木匠活儿,才有可能成为一个更好的木匠。同理,如果想成为一个更好的学习者,就要去找到一个更好的学习者,和他一起学习。但是,我们目前的学校教育正在反其道而行之。我们不允许教师进行任何方式的学习,不允许孩子拥有和老师一起学习的体验,而理由竟然是这样做不符合当前课程设置的理念,即教学的任务就是教授已知的知识。[5]

所以我们才把项目学员称为"学习领导者"。学员在学习过程中既是学习者又兼具领导角色,思维模式也会因此发生转变,从而重新思考当今世界学习可以成为什么样子。

"学习领导者"组成了来自不同背景的教师团队,团队中的每个人都有自己的专长和优势。项目对学习成果的期待是,学习结束时每个学员相较于以前都取得了进步,而不是大家都达到了同一水平。另外,由于学员都将所学内化为自己的知识并且在各自的学校进行分享,因此很多学校对技术应用的观念和态度都发生了根本的变化。

转变工作思路

汤姆·默里是卓越教育联盟设在他所在州和所在学区的数字学习部主任,他写了一篇题为"10个让你不落伍的技术指南"的文章,敦促大家认真思考如何改变IT部门的职能。

> 典型的学区IT主任的作用其实早已名存实亡。在美国的很多学区,普通教师在谈及他们学区的IT部门时,都表示对它们再熟悉不过了,原因是它们不仅不能满足师生的教育需求,反而成了绊脚

石。许多 IT 部门在某个陈腐主任的领导下，在不自知的情况下阻滞了学习进程。"一锁了事"（lock it and block it）的口头禅已经不再适用于 21 世纪的学习环境了。[6]

默里还提出了改变 IT 部门职能的具体想法，比如，IT 部门要与教师在课内外进行更多的沟通和交流，引领职业发展活动，通过传达服务学生的理念领导创新活动等。总之，我们必须创造安全的环境，清除各种障碍，这样才不会在修补漏洞上浪费时间，从而把更多时间用在深化学习上。

谢天谢地，我们学区的 IT 部门表现非常优秀，特别重视对师生的服务，使创新能够在各所学校健康生长。为确保我们的决策是建立在为学生创造更好的学习环境之上的，我们必须和 IT 部门的员工一起努力，激发他们为学生创造我们理想中的学习环境。

基于这个理念，以下四个问题可以帮助我们指导 IT 部门的工作，也有助于我们在制定与学生相关的决策时，和 IT 部门形成有效的沟通机制。

1. **什么才是对孩子最有利的做法？** 这个问题不应该只针对 IT 部门，而应该成为我们全部工作的指南。比如，封锁众多社交媒体网站的初衷是保护孩子的安全，但从长远来看，对孩子最有利的做法应该是，教他们学会如何在一个充满困惑、高速运转的世界中辨明方向，而不是把问题扔给他们，让他们自己去做判断。一旦决定开放这些网站，就要对课堂上可能发生的情况设置预案，保证学生真正理解做一个数字公民以及留下电子足迹所带来的影响。"打开这个网址"说来容易，但是如果我们真让学生打开某个网址，一定要和他们一起操作，确保他们上网安全，这一点非常重要。提出"什么才是对孩子最有利的做法"这一问题有助于领导者、教师和IT人员更好地理解大家应该如何团结协作、互相帮助。

2. 如何通过这种做法提高学习效果？我之前见过很多把各种软件程序推销给学校的情况。不知道是因为软件推销员的推销能力超强，还是因为某款软件兼具多种功能，反正看起来会比较节省经费，而实际上这些软件都是商务应用软件。如果教师和IT部门都不发表意见，没人质疑某款推销的程序或者软件究竟如何提高学习效果，那我们就没有理由抱怨为什么学校所有的计算机都安装了这款软件或者程序了。

对于这个问题，教师或者IT部门的员工是最有发言权的。比如，一位教师去参加会议时，看到一款超酷的软件，觉得学校所有的计算机都应该安装这款软件，那么这位教师应该（学校也应该这样要求）去 IT 部门说明，为什么这款软件对学习非常重要。可以先把软件拿到一两个课堂上去测试一下，看看它的意义和价值何在。但是如果某种软件或者技术备受推崇，所有学生都应该使用，我们就要跟大家解释清楚，它是如何服务于学习的。

3. 如果我们决定做某事，应该如何平衡风险和收益之间的关系？很多 IT 部门都进行风险评估，总是希望将风险降至最低，最好没有任何风险。控制风险当然重要，可实践中我们是不是也应该考虑一下可能的回报呢？例如，很多学校完全封锁了 Twitter。必须承认，开放社交网站对于学生来说确实存在风险，但是，如果允许人们登录这些网站，并告诉他们"我们相信你"，其实可以得到很大的回馈。信任不仅会赢得领导者与大家更加紧密的关系，还为师生与外界建立联系、增加学习机会拓展了空间。当我们评估开放 YouTube 的风险时，必须要同时考量这个使用率世界排名第二的搜索引擎（谷歌排名第一）能够带来的学习机会。我认为，开放这个网站的收益大于损失，前提是你愿意与学生一起努力，并且教会他们如何使用才能对他们有益。无论如何，教师都应该清晰地表明开放 YouTube 网站的好处，而不是简单地问"为什么不开放 YouTube 网站呢"。

4. 这么做是满足了少数人的需求还是服务了大多数人？这是我们做决策时需要回答的首要问题。但不知为什么只要事关技术，这个问题似乎就有些越界。如果一个学生用铅笔戳了其他同学，他可能还被允许继续使用那支伤过人的笔。可是如果某个学生有网络霸凌问题，有些学校就会封锁所有社交网站。所以学校在出台任何与此类问题相关的政策时，必须保证不会因为某个学生犯错而使全校学生受到惩罚。信任是创新的基础，创新环境不应该缺少信任。

通过提出并回答以上问题，我们与 IT 部门领导之间的这种开放性讨论的话题就会更加广泛，讨论结果也有助于我们为学生提供无尽的机会。

进一步思考

我们可以进一步思考下面这个问题："什么才是对这个学习者最有利的做法？"一定要记得，学习者就像司机，技术手段好比油门。如今接受"我们都是学习者"这个观念比以往任何时候都更加重要。在我们愿意不断拓宽并且评价自己的思维方式时，我们才能真正为学生创造他们本应享有的优越的学习环境。

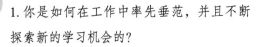

讨论问题

1. 你是如何在工作中率先垂范，并且不断探索新的学习机会的？
2. 你为组织的非正式学习、探究，以及"玩转"新技术提供了哪些机会？
3. 在为师生提供学习机会的过程中，你是如何实现从"标准化"到"个性化"的转变的？

chapter 10

第 10 章

以简胜繁

凡事皆应至简,而非更简。

——阿尔伯特·爱因斯坦

化繁为简的能力意即去除非必要元素,余下之物皆是必需。

——汉斯·霍夫曼

你是否收到过篇幅超长,而且同时抄送给至少 10 个人的电子邮件?你愿意把这封邮件从头到尾读下来找出和你相关的内容(如果有的话)吗?应该不会。你很可能草草浏览一下或者根本不读直接删掉。在一个深受过量信息烦扰的世界里,少即是多。当有人问盖伊·川崎商学院到底应该教学生哪些知识时,他是这样解释商务沟通中"以简胜繁"原则的:

> 商学院首先应该教学生如何用 5 个句子的电子邮件和 10 页长的 PPT 进行有效沟通。如果学生掌握了上述能力,美国的商业表现一定会好得多。

没人愿意阅读冗长晦涩的电子邮件,谁有那么多时间可浪费?同样,谁愿意参加一小时要看 60 页 PPT 的会议呢?

我们在学校学到的知识往往与真实世界发生的情况正好相反。在学校学习的时候,你总担心是否能够达到那些所谓的最低要求，诸如论文至少要达到 20 页、PPT 演示文稿至少要达到多少页等。你在进入社会以后就会仍然抱着以前的想法："我的稿子至少要达到 20 页，PPT 至少得 50 页才行。"[1]

如今，教育机构比以往任何时候都更加重视学习的深度，只有宽度是不够的。质量永远都比数量更重要，但学校的实际情况并非如此。很多教师感觉自己整天都被淹没在无穷无尽的新计划和发展目标等琐事当中。当教师和整个组织都感到无力招架各种目标和要求时，课堂教学的重点便不再是深度学习和探索，而是完成教学任务。

领导者应该遵从以简胜繁的原则。我们必须明确这一原则，不然可能会引发困惑和倦怠，阻碍创新活动和深度学习。每做一个新计划之前都问问自己：这件事会不会给已经满负荷的教师增加负担？这个项目或者计划有助于我们实现愿景吗？更确切地说，它有助于实现我们提升学习效果的目标吗？

前进过程中的失误

我做校长的第一年，因科技给员工带来的学习机会而感到特别开心。看过所有特别棒的网站和技术工具之后，我觉得要是不好好利用这些免费资源，一定是脑子出了问题。我把所有能够弄到的资源都转发给教师。Twitter 上有很多关于如何改进教育的文章链接，也有很多马上就可以在教学中使用的方法和技巧。我觉得非常有必要把这些方法和推文与员工分享，鼓励他们利用好这些资源和理念。

这个做法糟糕透顶。

我分享的东西越多，越感觉员工难以招架。我提供的选择越多，他们针对每个选择的作为就越少。我给他们的选择太多了。我还注意到，那些接受资源分享的员工其实只是想大概了解一下，这些影响学习体验的工具和创意是怎么回事。学校开始变得没有任何特点可言，我们陷入了一种似乎什么都懂，却什么也不精通的困境。这和其他人没有一点关系，完全是我造成的。之所以给了员工太多的选择，是因为我自己没有确定一个清晰的目标。

选择的困惑

巴里·施瓦茨的"两难选择"是我最喜欢的 TED 演讲之一。他说生活在一个面临众多选择的世界是一件令人痛苦的事情。在他的同名著作中，施瓦茨描述了选择如何将我们引向危险的境地。

> 当没有任何选择时，生活令人窒息。当选择越来越多，我们能强烈地感觉到由此带来的自主感、掌控感和自由感，和生活中可以在很多商品中任意挑选时所带来的正面、积极的心理感受一样。而当选择继续增加，多重选择的负面作用就开始显现。如果选择持续增多，负面效应持续累积，我们就会不堪重负。这时，选择就不再自由轻松，而是需要反复权衡才能做出决定。这时，选择甚至可能成为所谓的"奴役"。[2]

这一年大家都觉得不堪重负。我开始征求员工的意见："如果我们只选择几个技术手段在课堂上应用，你觉得怎么样？"经过再三征询，得到的回应都是"非常好，就这么做吧"。由此大家形成了强烈的共识。很多教师都明白科技非常重要，只是不知道从哪里开始。其实这种情况在教育工作的其他地方也存在。想想看，能有多少学校的管理层能够一下说出过去3年中，学校的10项主要工作是什么？我们往往做了太多计划，但实施过程只是蜻蜓点水，甚至根本不记得当初为什么要这么做，更不会记得为什么3年前必须要使用那个所谓的时髦技术。如果我们不满足于宽泛而肤浅的学习方式，而选择以深入的方式进行学习，就应该转变思维方式，马上将每一个新想法、好点子付诸实施。不要试图去做所有事情，要专注于我们希望学习者学习的事情，并马上付诸行动，学会选择资源，熟练运用资源，创造与社区成员共同制定的愿景相一致的学习环境。

教师博纳让·波特在谈到自己对教育技术的看法时，把人们对教育技术的应用能力分为以下几个阶段：①具有使用某个设备最基础功能的能力；②能够适用性使用某个设备；③能够以重塑的方式使用某个设备。下面就以iPad为例来说明这三个能力阶段是如何划分的。

1. 具有使用某个设备最基础功能的能力是指，能够使用某个设备，知道如何打开，如何使用，如何打开相关应用。

2. 能够适应性使用某个设备是指，能够用已经掌握的、对技术要求比较低的方式使用这个新设备开展工作。例如，用iPad记笔记，或者阅读教科书。

3. 能够以重塑的方式使用某个设备是指，能用这个设备做以前不能做的事，例如制作视频、通过博客与世界各地的人进行联系沟通，或者与来自世界各地的学生分享学习内容，不受时空的限制。

假设你去参加一个时长 1 小时的工作坊，学习内容为如何使用 50 个免费的应用工具。工作坊结束时，如果你足够幸运，可能你对每个工具的使用能力都会达到第一个阶段，即拥有使用某个设备最基础功能的能力。这些想涵盖所有内容的学习，根本无法激发你去自主突破每个工具的使用边界，学习效果不会理想，只能蜻蜓点水学些皮毛。不要给教师那么多选择，这可能听起来与我们的直觉相悖，但这样做的好处是，能让教师有更多时间探讨与合作，从而萌发更好的想法和创意，达到通过技术创造根本性变化的境界。

关注创新

他们必须是活跃互动的生产者，而不是离群索居的消费者。

——约翰·希利·布朗

创造力是我们以不同方式进行思考的出发点，创新为创造力赋予生命。对我来说，首要目标是让孩子成为创造者，因为只有当学生开始创造时，学习才真正开始。如果老师只会在黑板上抄写重点内容，或者让学生完成活页练习册上的习题，学生怎么会受到启发呢？机械地抄写黑板上那些需要消化复习的内容，很难提起学生的学习兴趣。只有用已知创造新知，学习才会真正发生。

无论是在学生学习的过程中，还是在教师日常的工作中，我们都要去努力实现创新目标。在教育活动的所有环节，单纯的学习远没有利用所学知识去创造新知重要。

在一个名为"创造需要时间"的视频中，几个小学生要在10秒内画出一个表。因为孩子都觉得时间太短，没办法进行创造，最终呈现的作品大同小异（一个圆盘、两个表针和表盘上的时间刻度），基本没什么创意。之后，设定的条件变为孩子可以用10分钟完成同样的任务。这一次，孩子的画作呈现了更多的创造性。他们画了各种各样的表，还有孩子把表画在猫甚至人身上。这个视频说明"时间紧迫并不能激发创造力"，而充足的时间才是探索和创造新事物的关键所在。[3]

从教者也要遵循这个观念，必须给创造以充沛的时间，才能实现从简单重复到创新创造，再到付诸行动的改变。如果学习时间被众多"计划"分割蚕食，创新自然就会相应减少。

共同的目标

一个学年结束并不意味着学习要暂停两个月,新学年开始也不意味着需要另辟一条新的学习路径。学习不是团块式的,它是一个不断推进的过程,具有非线性和持续性的特点。事实确实如此,但是我们可以通过谨慎的技术应用,观测学生的学习情况,这在以前是不可能实现的。借助这些工具,帮助学生将学习目标与真实世界联系起来就容易多了,学生也可以利用现有知识产生新的创意。在我做校长一年以后,我们缩小了选择范围,最后只保留了三个方便与本地和世界各地的人们合作交流的工具。为了实现塑造创新文化的目标,我们选择的三个工具都能够激发我们的学习和创新潜能,同时满足学生的需求。

1. 谷歌的教育应用软件——鼓励实现与本地和世界各地的沟通。

2. 作为电子文件夹使用的博客——优化和回视评估过程。

3. Twitter——支持教师职业学习,有利于开发个性化学习网站。

这三个工具已经成为我们团队日常工作的常规"武器",

对每一个教师、每一门课程都充分发挥效力，我们的领导方式和学习方式也随之彻底改变。比如，我们关注的其中一个重点是通过博客创建文件夹，因为每个教师在每次上课时都可以完成这个工作。博客使我们可以观察整个学习过程，并且易于分享。英语教师可能会通过写博文分享自己的学习成果。体育教师可能会用视频展示技能方面的提高。艺术教师可以张贴作品图片，语言教师可以用播客分享学习第二语言的小贴士。以上所有文件格式都可以很容易地放入我们的电子文件夹当中。更重要的是，当教师开始在工作中比较自如地使用这些工具以后，也就更容易理解这些工具对学习产生的影响。

你会发现在以上案例中，所有教师都有一个与组织的宏大愿景密切相关的共同目标，同时每个人在实现目标的过程中都拥有充分的自主性和能动性。作家和工作动机专家丹尼尔·平克解释了为什么目标和自主性是个人发展的关键因素。"人类天生的内在驱动力让我们能够自我管理、自主决策、与他人沟通。当那个驱动力被充分释放，人就可以取得更多成就，过上更加丰富的生活。"[4]作为领导者，我愿意帮助教师释放潜能，因为这样不仅可以让教师个人受益，也会让学生受益。

另请注意：我之前提到过，我们的学生也可以创建自己的博客文件夹。如果用纸质文件夹保存从幼儿园到 12 年级的文件，整理和保管工作根本无法实现，而科技让这项工作变得非常简单。我们要意识到，我们是孩子成长的一部分，而博客文件夹让这种连接清晰可见。同样，我们要记住这个工程不是能用一个月或者一年的时间就可以大功告成的。和所有变革一样，这些长远规划需要我们付出耐心、毅力和专注。

要允许探究

尽管提供太多选择会让人感觉无所适从，但领导者千万不要限制其服务对象选择的权利，不能只允许他们去探索那些规定使用的工具或者资源。这一点非常重要，必须谨慎对待。

创新可以在持续使用这些工具的过程中产生，但是如果不去鼓励人们不断探究，不给他们做出榜样，教学实践就会停滞不前。我有意不再用各种想法"轰炸"教师，而是鼓励他们去探索和尝试新的东西。在探究和试错的过程中有效学习也随之发生，尽管不一定每次探究的结果都尽如人意。我希望如果人们相信可以实现自我超越，就要去大胆尝试。我只要求他们做一件事，就是与其他同事分享自己的专长和新掌握的知识，让大家一起进步，从而实现学校的愿景。我们作为领导者最终要认识到，当我们在员工的"盘子里"添加必要之材，移除多余之料时，一定要考虑到每个人盘子的尺寸是不一样的。

创新：每个学校和课堂都是独一无二的

正如我们之前讨论的，创新不应该仅仅局限于技术整合，它的重要性应该体现在整个学校的方方面面。无论是有关健康、机器人科学、视觉艺术还是表演艺术的项目，技术都可以成为它们创新的加速器。我们要根据组织的愿景和实际需求，形成相应的理念并付诸实施，使其成为组织文化的一部分。

西温哥华学区总监克里斯·肯尼迪在一次采访中对我说，他的学区不太关注规划之类的东西，而是组建了很多"教师创新团队"。所有团队都要完成研究和开发新点子、推动学区成长发展的任务。他觉得"规划"是指那些诸如基础设施升级、引入新技术等行为，他更重视如何构建学习的结构和方向。就像我们在第 8 章讨论过的,要充分利用个体优势。当员工专注于某些领域并表现出极大的热情和兴趣时,可以通过组建团队来引领几个领域的创新,这样就更有可能取得成功。相反,如果带领员工去关注那些他们根本不感兴趣的领域,则很难取得成果。克里斯主要在三个方面关注组织创新:调查探究、自我规范和数字化建设。他还强调,以上三个方面在每所学校都有不同的表现形式,而正是因为大家各不相同,奇迹才可能发生。如果"创新团队"针对一个创新想法只能提供一个一刀切的实施方案,其实就忽视了创新最重要的部分——同理心。在教育领域,我们一定要深刻了解我们服务的社区,唯有如此,创新才能在每一个社区开枝散叶,并保持各自的鲜明特征。

怎么看待基础知识

所谓简单,就是减少显而易见的累赘,加入富有意义的东西。

——约翰·前田[5]

我们一直在探讨"创新"和"21 世纪的学习",有人担心学生的读写和算术等基础知识会被忽视。实际上,很多学校的情况正好与人们的担心相反。创新要求学生学好基础知识，但是教授这些基础知识的方式可能与以往有所不同。基础知识固然重要，但是只掌握这些基础知识是远远不够的。我在2012年美国国际教育技术年会上见到了赵勇，他对这个问题做了很好的总结："读写能力是地板，不是天花板。"[6]如果我们不能准确辨识并且适应这些正在发生的变化，就等于忘记了培养孩子面向未来的使命，甚至无法跟上时代的脚步。

2010年，阿尔伯塔省教育厅（加拿大阿尔伯塔省教育主管部门）开始关注学生的全人教育。基础知识的学习是这一理念的核心部分，但只是全人教育的起点。以学生为中心的全人教育专注于培养学生的读写和算术能力，并在此基础上培养学生的沟通技巧（比如合作力和领导力）、批判性思维和解决问题的能力、创造和创新能力、社会责任、沟通能力、数字化运用能力，以及终身学习等。

全人教育的课堂是什么样子的？我们先来看一个小学课堂：学生正在笔记本上写日记，以提高读写能力。传统做法是学生写一次日记，老师根据具体班级规模给所有学生写评语，每次可能要写15~30条评语。在全人教育理念框架下，读写课的教学目标不变，但是老师要求学生把自己的日记存入博客。学生首先要独立完成日记的第一稿，然后给其他 5 位同学的博客写评论。以前学生只需要写一次，现在至少要写 6 次。如果对别人给他们的博客留言进行回复，就要写更多次。现在学生的学习内容还是读写（比我们以前当学生时获得更充分的学习机会），但在学习读写知识的同时，他们对合作、沟通、数字公民和批判性思维等都有了更深的理解。

在教育领域，时间是最宝贵、最稀缺的资源，这就迫使我们必须为学生创造在既定时间内完成多个目标的机会。在我们力求将工作做得更好的同时，一定要学会做减法，这一点非常关键。我们有很多方式证明读写能力绝不只是简单的读读写写，刚才的案例只是其中一个而已。教师可以利用科技手段采用各种方式为学生创造最好的学习体验，包括写博客、分享播客、制作视频等，每一种方式都有助于学生在掌握基础知识的同时，学习必要的实操和人际关系技巧，培养他们互相学习、与人沟通的能力。

进一步思考

当有人问及"你们学校/组织正在着力完成的三件大事

是什么",你的员工和学生会如何作答?他们会异口同声说出三件事,还是会列出一个两位数的目标清单?同样的道理,如果在过去两年的计划清单的基础上新增几项计划,对于大多数教师来说,说出这几项新增计划并不难,而如果在清单上减掉几项计划,让他们把剩下的内容说出来可能就没那么容易了。不断叠加计划内容导致很多教师感到身心俱疲,或者不堪重负干脆离开这个行业。

无论是一个学校还是一个系统,当我们限制规划、工具或者技术的数量和规模时,就可以腾出更多时间去探索深度的学习体验。专注于少数几个关键的事情可以推动教学的创新,让我们在更少困惑、更轻焦虑和更小压力下,获得更多收获。同时,与校内和世界各地的教师分享心得和学习体验可以帮助教师加深与校内和世界各地同行的相互了解,从而从根本上改变学习体验,传播创新理念。

加拿大教育协会主席兼首席执行官罗恩·卡纽说:"只有重新建构一个新的体系,教育领域的创新才会真正发生:这个体系培养批判性思维,支持冒险精神,鼓励持续变革,重视具有创造性和前瞻性的课堂教学活动。"[7]

要创建一个卡纽认同的培养各项能力的体系,教师就不能让自己"样样都行,却无所专精"。如激光束般聚焦于几件事情，可以让我们深入探究，同时拓宽思路，并在探索前行的过程中萌发新的想法。

讨论问题

1. 你和你服务的社区主要关注哪几个关键领域，从而让组织愿景更接近现实？
2. 你是如何创造时间和机会，让团队在某一领域保持领先地位的？如何衡量成功与否？
3. 在发展过程中，你是如何减少员工或组织盘子里的材料的？什么需要留在盘子里？什么需要移出盘子？

chapter 11

第 11 章

拥抱开放的文化

找到好点子的最佳方式就是多想些点子。

——莱纳斯·鲍林

拥抱开放的文化 | 第 11 章

我一走进教室，马上就明白他是什么样的老师了。

我以前从来没见过杰夫·昂鲁老师，也不了解他，但是教室里的氛围让我看到了他的敬业和热情。陪同我的是杰夫的同事，我问她："你觉得杰夫用不用 Twitter？"我想让她做一个据理推断，结果她和我想的一样：他肯定用 Twitter。

我们是怎么知道的呢？因为教室里目光所及之处都能看到沟通、合作的痕迹。没错，还有创新的氛围。

独特的座位摆放方式以及鼓励学生冒险、以不同方式思考的教学环境等信息都透露了这位老师的价值观——关于"天才一小时"和学校将于近期举行的"创造者展会"的通知都张贴在特别显眼的位置；目前的教学内容是如何与一位象棋大师过招，这位大师恰好是班上一个学生的祖父。

请各位注意，到现在为止我可没提过教室里任何与科技相关的东西。尽管孩子可以使用电脑，但是这个课堂的与众不同之处在于它独特的学习环境,即根据每个学生的实际情况,量身定制多样化的学习机会,让孩子的优势和兴趣得到充分发挥。

我问杰夫是否上 Twitter,他说上,但是一般不在网上分享什么。Twitter 最吸引他的地方是能够获得信息、认识不同的人。看得出来,他布置的这种能够引发学生兴趣、调动学生充分参与的教学环境得益于他在 Twitter 上学到的东西。当我问他是否注意到 Twitter 给教学带来的影响时,他想了一会说,这有点像"温水煮青蛙",是一个长期的持续投入和逐渐变化的过程。虽然他只在 Twitter 上保持"潜水"状态,但受到的启发不断累积,使他最终得到了很大收获。

不是说不上 Twitter 就一定没有效率,上 Twitter 也不一定就让你成为一名优秀的教师,二者优劣的概率很难判定。很多优秀的教师不上网也可以成就很多了不起的事情。但我们必须承认,通过 Twitter 和其他社交媒介,不但可以随时接触优秀的想法和理念,还可以跟那些具有前瞻思维的教师实现交流和互动。社交网络让人们比以前做得更好,一定是这样的。

我能感觉到,眼前杰夫老师的课堂跟我当初做老师的时候已经不可同日而语了，那时还做不到每个课堂都可以通过网络获得如此海量的信息。虽然那时也能和本校其他教师彼此交流想法，但是相较于现在每天都可以和全世界的人随时沟通交流，那时的我简直太闭塞了。如今，是否与外界隔绝完全取决于教师自己的选择。我们的沟通和学习机会近年来发生了很大变化。很多教师很好地利用了这些变化并且收获良多，更重要的是能让学生从中受益。我们每个人都可以向别人学习，每个人都有获取信息的渠道。大家相互提供信息，这些信息对彼此都同样宝贵，值得我们好好利用。

"如果可以，请打电话给我"

不好意思，我下面提到的这首歌可能会引起你的反感。各位还记不记得2012年的那首《如果可以，请打电话给我》？演唱者是卡莉·蕾·吉普森。这首歌当时简直是红遍世界。打开收音机，听到的一定是这首歌，浏览社交媒体时，上面播放的也是这首歌。对于很多人（包括我自己）来说，这首歌非常招人恨，但是人们却把每一句歌词记得清清楚楚。以前也有一些容易学唱的烂大街歌曲，但是从没有一首歌像这首歌那样如瘟疫般疾速传播。

这首歌之所以迅速走红,不仅因为它朗朗上口,还因为观众在听歌的同时对它进行重新创作或者加工。不喜欢原版没关系,你可能会喜欢哈佛大学棒球队在旅行车里唱的那一版,或者吉米·法伦用一个小学音乐教室里的乐器演奏的版本,或者《芝麻街》的甜饼怪版,或者奥巴马的版本(有人把奥巴马演讲的部分镜头融入这首歌中创作了这个版本)。我自己也很讨厌这首歌,但吉米·法伦那一版触动了我作为教师的情感。听了这一版以后,我甚至买来了这首歌的原版唱片,因为这个版本很特别,让听众很想去了解这首歌曲本来的样子。

与传统的版权思维相比,如今模仿和改编已经非常普遍。艺术家往往持有这样的旧式思维:"抄袭或者改编我的作品,就等于剥夺了我的生存机会。"如今再融合和再分享催生出一种人人都可以成为赢家的新型文化。劳伦斯·莱西格在题为"扼杀创造力的规则"的 TED 演讲中,谈到了我们这一代人(以及比我年纪更长一些的人)与年轻一代的不同:"我们当时把不同磁带里的音乐重新组合制成手工磁带;他们现在把各种音乐形式和素材重组创作新的音乐。我们当时看别人生产的电视节目,他们现在自己制作视频。"[1] 正因为这样,专业人士可以从大众分享中获得收益,业余爱好者可以享受自由创作的乐趣，并在创作中学习。业余爱好者和专业人士的界限已经不再泾渭分明。必须承认，一些专业艺术家可能把这种界限模糊视为一种威胁，而那些持开放心态的艺术家知道，他们可以在这一新的领域通过借鉴他人的能力和优势，创造更加强大的产品或者品牌。

但这和教育有什么关系呢？关系太大了。正如我们在第3章说过的，重塑TED演讲的企业家克里斯·安德森，在他2010年的TED演讲中探讨了"群体加速的创新"理念。他以学习跳舞为例，认为通过视频学习跳舞不但提高了人们的舞蹈技巧，也让舞蹈这种艺术形式被更广泛地接受。他说，YouTube让自学成为可能，而且视频的可视性实际上拉高了优秀的标准。安德森甚至还承认，观看他人演讲能够启发TED演讲人做出更具感染力和影响力的演讲。他归纳出构成"群体加速的创新"的三个关键因素。

1. **大家志趣相投**。"群体规模越大，创新的潜力就越大……他们建立了一个催生创新的生态系统。"

2. **可以看到其他人在做什么**。"你需要清晰地看到群体之中那些最优秀的人在开放的平台上展示他们最擅长的事情，因为那正是你要学习，也是激发你参与其中的事情。"

3. **渴望改变、成长和提高**。"创新是一项艰苦的工作，需要数百小时的钻研和实践，不是凭空渴望就能产生的。"[2]

我在本章开头提到的杰夫·昂鲁老师的教学实践之所以能在很短的时间内发生显著变化，是因为他充分受益于以上三个关键因素。

1. 他不仅与本校、本学区的教师建立了连接，还通过社交媒体（群体）与世界各地的教师联通起来。

2. 他将那些在网络平台上分享的（可视性）好创意和新想法在社区内传播，以便更好地为社区服务。

3. 他的最终愿望（渴望）是让自己变得更好，把自己的课堂塑造成为学生服务的创新环境。

拉尔夫·沃尔多·爱默生说过："没有热情就无法成就任何伟大的事业。"[3] 杰夫践行了爱默生的名言。

莉兹·怀斯曼和格雷戈·麦吉沃恩在他们合著的《成为乘法领导者：如何帮助员工成就卓越》一书中这样诠释乘法领导者："你自己有多少知识并不重要，重要的是你在多大程度上将别人的知识为己所用。你的团队成员有多智慧并不重要，重要的是你能够在多大程度上汲取和利用他们的智慧。"[4]

所以说，不管是做更好的舞者，还是制作混合元素音乐，抑或是设计更高效的课堂体验，我们越是抱有开放的心态，就越可能催生了不起的事情。创新专家史蒂芬·约翰逊说："只有以开放的心态看待互联互通的学习环境，创新才可能发生，我们的思考也会更具创造性"[5] 教育领域的领导者必须推动并且利用好开放式的互通学习。

如何让优质的学习体验迅速传播

卡罗琳·卡梅伦是我做教师期间所在学校的助理校长。我刚开始做管理的时候与她有过一次交谈，这对我之后的工作方式产生了深远影响。她告诉我，行政工作让她成为一名更好的教师，因为这个岗位允许她随时观察那些优秀的教师是如何教学的，也可以通过观察那些相对较弱的教学实践总结反面经验。她说的一点没错。我很快领悟到，成为优秀教师的最佳途径就是向其他教师学习。我每天都去其他教师的课堂，观察和汲取那些优秀教师的好做法。就像当年卡罗琳一样，因为我可以灵活安排工作时间，所以去听其他教师的课根本不是什么难事。但囿于经费和时间，其他教师就没有这样的机会。我的脑子里一直萦绕着这样一个问题：怎么才能让优质的学习体验迅速传播呢？

威尔·理查森是教育领域一位思想新锐的领导者（那

时候我还不知道）。在和威尔以及我哥哥亚历克·库罗斯博士（也是一位教师）的一次谈话后不久，我意识到有些事必须做出改变。当我提到我在听课过程中发现一些教师在课堂上应用得很好的技术手段时，威尔问我是如何将这些优秀的教学案例与员工分享的。我告诉他我没有分享。他只说了一句——"这么说你没有和大家分享？"他的疑问（实际上这是一个陈述句）警醒了我，不能继续把从那么多优秀教师那里学来的好做法囤在自己手里了。

于是我不再截留信息，开始在 Twitter 和博客上定期分享我在课堂上的收获，这些开放的平台让这些故事得以在学区内外广泛传播。就像我们之前提到的，全世界都可以看到"自我展示日"的创意。当我在 Twitter 上与学校和社区分享我在课堂上看到的精彩案例时，其他城市和国家的人们也开始关注我们，并且向我提出各种问题。社交媒体不应该成为另外一种形式的电子邮件，而是应像我哥哥说的，它更像是在信息的河流中舀出的一杯水。你不必对每件事情都密切关注，你只需置身这个空间，最好的想法就会自动找上门来。

我们的"自我展示日"对学生的学习体验和师生关系的建立产生了巨大影响。为什么要把这么好的经验留在自己手里呢？绝对不能这么做。就像改编《如果可以，请打电话给我》时抱有的创造精神，人们把我分享的点子和故事充分吸纳之后，经过融合创新，用于满足自己社区的需求，或者用于更好地了解学生，或者用于促进学生之间互相学习。当其他人分享并且改进你的想法时，全世界的学生都从中受益。当教育领导者看到别人是怎样创造富有自己特色的"自我展示日"时，其实便找到了改进和调整最初想法的途径。尽管一段时间之后，人们就搞不清楚这个想法源于何处，但这无关紧要，帮助我们为孩子带来积极改变的那个想法才是至关重要的。

我在第 4 章强调过班级教师和学校教师的区别。互联网的强大力量让世界教师成为可能。你分享的理念不仅有可能影响你的学生，还有可能影响全世界的学生。如果情况确实如此，为什么不让更多的教师分享他们的所学和所教呢？我听很多教师说"我没什么可分享的"，我的回答永远都是"那你怎么满足学生的需求呢"。我无意让教师感到难堪，而是想让他们看到，他们正在做的那些看似非常普通的事情，很可能对他人非常有用、非常富有见地。德雷克·西弗斯在一个非常精美的短视频《对你来说稀松平常，而对别人来说却妙不可言》中阐述了这一观点。[6]（可以到 YouTube 上观看。）

你可能没注意到刚入行时的你和现在的你在教学和学习风格上发生了什么根本性的变化。就像杰夫·昂鲁所经历的那样，我们的教学实践会随着时间的推移慢慢产生变化。但是如果我们不承认自己学到了很多东西，可能就不会对自己过去的某些做法充分认同，也不会对自己的进步和成长心存感激，更不会被打动。我很清楚自己就有这个问题。10年之后，我们积累的知识和对事物的看法都会发生很大变化，因为除了职业成长带给我们改变，这个世界也会持续为我们提供新的机会。和大家分享自己学习过程中的每一点进步吧，让他人从你的收获中得到收获。

通过分享提升学习力和领导力

分享自己的学习心得可以帮助他人，同时也会让自己受益。我每次写博文时都会对将要分享的内容进行思考，因为我知道别人会读，我得确定它是个好东西。我在第3章中引用了克莱夫·汤普森发表在《连线》杂志上的文章"为什么最差劲的博主也能让我们变聪明"，他在那篇文章中指出拥有观众的价值。汤普森还谈到，尽管每天通过社交媒体或者电子邮件发出的帖子（相当于每天3600万本书，这是在这篇文章发表时的数据）不会都像莎士比亚的作品一样具有很高的质量，但是它们当中的很多内容已经改变了人们的思考方式，也"加快了新想法的产生和全球知识更新的速度"。[7] 真正推动思想进步的不是对信息的单纯消费，而是在我们知道别人会看到自己所写的东西时，反思、创造和分享自己的思想。我们与外界建立的关系越紧密，得到的机会就会越多。就像史蒂芬·约翰逊在 2010 年的 TED 演讲中说的："机会总是垂青于那些与外界沟通的头脑。"[8]

作为领导者，如果我们想让自己成长得更快，就不要只鼓励他人这么做，我们自己必须积极参与并与他人分享自己的想法。这也是我在 2011 年创立 Connected Principals（connectedprincipals.com）的原因。这个网站是在时任伯灵顿高中校长的帕特里克·拉金（目前任所在学区的副总监）的帮助下建立的。作为学区内各所学校的领导者互相分享和合作的平台，它实现了两个目标：第一，提升领导者的学习力和领导力；第二，为实现个人持续成长的意愿做出表率。我们还在 Twitter 上使用了 #cpchat 这一话题标签（Connected Principals Chat），让分享的理念和创意在 Twitter 这个社交媒体上更加醒目，就像蝙蝠侠的蝙蝠信号一样，为那些需要帮助的管理者提供帮助。我们得到了来自其他学校的管理者的支持，这让我心怀感激，同时尽量充分利用好这个平台。这种连接不仅限于管理者之间，所有课程都可以拥有相应的话题标签。不管是科学课教师（#scichat）、幼儿园教师（#kinderchat），还是浸入式法语教学的教师（#frimm），都能够向世界各地的人们学习并分享自己的学习心得。

竞争性合作

塑造一个开放的文化有助于推动合作和竞争。合作和竞争这两个概念，片面强调其中任何一个都会有害无益——很多合作不一定会带来最大的收益，很多竞争会让我们成为孤家寡人。但是，开放环境中的竞争性合作却可以使创新提速。

以下做法会使竞争有害无益。

A学校与B学校在生源方面有竞争关系，所以两所学校都不愿意与对方分享自己的经验，这是它们的商业秘密。

这种思维模式有两个问题：第一个问题是，因为要保持竞争优势而拒绝把最好的想法与别人分享，首先受到伤害的可能是自己。如果没人知道你的做法有什么特别优秀之处，人们有什么理由选择你的学校呢？第二个问题更麻烦，这种思维模式背后的逻辑是我们关注的根本不是如何帮助孩子成长,而是如何拯救我们自己。

但竞争性合作就可以成为加速器。例如,如果同一学区的两个高中共用一个话题标签,来展示并分享各自的工作成果,两校的教师自然成为两校合作的受益者,并最终让学生成为最大的受益者。当一所学校开展某项活动,另外一所没有开展,而两所学校的孩子都认为这项活动很棒时,没有开展活动的学校的孩子由于不想被别人甩在后面,于是就在这个现有创意的基础上做了一些调整和改进,然后贴在两校共用的话题标签上。如果两所学校都非常愿意互相帮助,同时又都不想落在后面,那么谁是这场竞争的最终赢家呢?当然是孩子。当教育让孩子输掉整个人生时,那它就真的成为一个贬义词了。如果我们承认"分享"能够促动我们变得更加优秀,那么受益更多的永远都是孩子。

当领导者、教师和学习者都致力于在一个开放的环境中服务彼此时,个人获得深度和高效学习的机会就会出人意料地随之增加。

走向世界,影响周边

在全球范围内与人分享还有利于打破学校之间的壁垒。

由于平时工作繁忙，教师很难抽出时间进行职业学习，话题标签是教师之间交流和互通的一种简单方式。纽约州杰里科市堪提亚哥小学的校长托尼·斯南尼斯，就是一个热情拥抱互联共享的典范。他不但充分利用互联共享给教师带来的学习机会，还通过自己的 Twitter 账号（@TonySinanis）和话题标签 #Cantiague 为其他教师公开做出表率。包括本校教师在内的任何人，都可以翻阅他的话题标签，查看教师的课堂教学情况、教师阅读的书籍和博客，以及学生为学校新闻撰写的文章和制作的视频博客等。话题标签搭建的更像是一个社区平台，实现了比单纯的沟通和交流更加强大的功能。托尼通过一种并非"自上而下"的交流方式体现了这种社区精神，并在这个虚拟空间里与世界积极分享。他用自己的行动验证了这样一个事实：我们可以向任何人学习，不管他身处何位。

通过话题标签与他人分享学校或学区的情况要比单纯宣传学校的活动更有意义。试想如果每个教师能够每天在 Twitter 上分享自己的教学收获，再花 5 分钟时间阅读他人的推文，结果会怎样呢？可以想见，这个简单的做法将对学习体验和学校文化产生非常正面的影响。我自己就亲身体会到了这种做法带来的益处。我们学区各所学校之间的距离动辄100多英里，但通过学区的话题标签#PSD70分享和阅读关于其他学校做法的帖子，人们加深了对彼此的了解。

萨里学区有71 000名学生，是英属哥伦比亚省最大的学区，也是2015年美国国际教育技术协会西尔维亚学区技术创新先锋奖获得者。通过使用博客、Instagram、Twitter等社交媒体平台和话题标签#sd36learn，学区实现了信息的互联共享，同时在技术手段、评估以及建设协同合作的学习环境等方面实现了重要转变，打破了在大规模组织中必须放缓变革速度的神话。另外，这种互联共享带来了一个附带收益——整个学习过程让人仿佛置身于一个小镇般的社区。

文化虽不可量度，却可以感知。在过去的几年中，我很高兴能为萨里学区的领导者和教师做咨询，得以亲眼看到学区的领导者和教师为改善学习体验和成就彼此所展现出来的热情、快乐和关爱。这并不是说他们没有困难，重大的发展和变革从来不会轻松，但学区的领导者对分享的价值高度重视，从而为自己更为他人带来了更多的学习机会。

进一步思考

这是一个众人共同参与的世界，互联共享应该成为教育领域的常态，而不是什么特事特例。无论是改编《如果可以，请打电话给我》，还是学习如何跳舞，抑或转变教学方式，这些都得益于科技的发展，使创造、分享、与他人连接成为可能。学校的领导者不能继续无视这些文化层面的变化，要加速实现学校的转变。分享是当务之急，对个人成长和行业发展都很重要，而且我保证每个人都有值得分享的东西。

还要指出的是，科技发展并不会降低面对面沟通的价值或者影响。实际上，如果能够通过技术进行持续分享，还有可能提高面对面交流的质量。同一学区不同学校的教师可能几个月才能见上一次（甚至几个月也见不上一次），但是他们可以经常在网上见面，保持联系。通过学区共享的话题标签，大家可以看到其他学校发生的事情，让教师在办公室里的谈论话题更加丰富："我拜读了你写的那篇关于昨天教学情况的推文，能跟我细说一下吗？"这样的谈话不仅能提高教师的学习效果，还可以增进教师之间的关系。

开放的文化为高效学习和建立关系提供了无尽的机会，学生自然成为这场分享革命的最大受益者，而我们要做的就是拥抱这个唾手可得的机会。

讨论问题

1. 你是如何与校内同事和国际社区积极分享自己的学习体验的?
2. 你是如何让高效学习在学校内迅速传播,从而将点滴创新发展成创新文化的?
3. 你是如何使用"竞争性合作"这一概念,从而推动个人、学校或者组织加速成长的?

chapter 12

第 12 章

为教师创造有意义的学习体验

经验是知识的唯一来源。

——阿尔伯特·爱因斯坦

为教师创造有意义的学习体验 | 第 12 章

我当教师的时候对教师会议非常厌烦，我们好像经常花费大量时间在一起讨论规则或者政策什么的。一想到我们把那么多时间浪费在讨论学生在校期间该不该戴帽子这种问题上，我就感到无比痛苦。

我在一个 PPT 文稿中看到下面这个对无聊会议的调侃，并多次在领导力演讲中与大家分享，似乎得到了很多人的共鸣："如果要死，我希望死在教师会议上，因为此时生与死的过渡最难以察觉。教师会议≈枯燥致死。"

我在第 5 章中和大家分享过，想要创新，就必须打破常规。如果宁愿把时间花在学习"21 世纪的学习"的 PPT 上，而不去亲身体验 21 世纪的学习，结果只会事与愿违。讲座确实可以在学习中发挥作用，不然 TED 演讲也不会这么受欢迎。但是如果把讲座和传统的教师会议看作提高教师职业能力的唯一方式，我们就更有可能维持现状，裹足不前。澳大利亚教育思想领导者布鲁斯·狄克逊的观点颠覆了我之前对教学和教师学习的认知。他解释说:"世界上还没有其他任何一种职业采用这样的操作模式——花16年时间观察别人如何工作,16年之后就亲自披挂上阵了。"我们必须承认,这就是教育领域的实际情况——教师通过观察自己老师的教学获得教学经验。我们常常基于体验进行创新,所以改变教师职业学习体验是对学校现状进行变革的第一步。

我们往往认为教师职业学习是一次性的,而实际上学习者在成长和发展过程中必须长期坚持职业学习。传统的职业发展观不足以帮助大多数教师改变现行做法,几乎不会给学生的学习体验带来任何改变。在多数情况下,我们的工作程序和政策制定还在传达这样的信息,即希望教师分别做好"学习和工作"这两件事。我们没有鼓励教师积极参与有助于学习的各种活动,并将其作为每天必需的工作内容。要想真正将学习融入工作,就要挤出时间让教师探究、合作、思考,并允许教师把所学应用于教学实践,这一点非常重要。只有将新获得的知识应用到教学实践之中才能播撒创新思维的种子,在实践中满足学校的独特需求,从而影响从课堂到整所学校的学习者。

为我们自己创造学习机会

美国大学教育管理委员会教育技术领导力高级研究中心的创办人、主任斯科特·麦克劳德指出，教师把太多精力放在了教学研讨上面，留给自己的学习时间太少，无法全身心投入学习，为他人做出榜样。

学校应该是学习的地方，对吗？有多少学校在制定愿景、使命或者目标时，提到了"终身学习"？97%？99%？还是100%？可实际上，我们作为从教者在终身学习方面却给学生树立了反面的样板。

我们当中有多少人能够有意识地把自己的学习过程清晰地展示在学生面前，为学生树立榜样？有多少人敢于站在孩子面前对他们说"这是我正在学习的东西。我现在学得还不够好，但是我会不断努力。这是我为达成目标制订的计划，过几周我会告诉你们我的学习进展情况，几周以后再跟你们汇报新的进展"？又有多少教师跟学生清晰明确地解释过，要想获取更多的知识和技能，要想超越自我，就必须努力学习、克服困难的真正含义？你心里应该已经有了答案：几乎没有。

你会找到很多我们不能将自己的学习过程与孩子分享的理由，但其实是成年人的自尊心在作祟，这才是最大的问题。我们觉得自己必须是"专家"，不愿意接受自己也是一个"学习者"的身份。同样，管理者不能在教师面前示弱，教师和家长也不能在孩子面前示弱。

如果教师和家长能更好地在孩子面前表示自己也是学习者，孩子会从我们身上学到什么呢？如果学校里的大人能够有的放矢、目标明确地与孩子分享自己作为学习者的学习过程，学校会变成什么样呢？如果我们成年人愿意创造与孩子共同学习的机会，教育会变成什么样呢？[1]

知识获取在今天的世界变得非常容易，就在指尖一触之间。麦克劳德的观点正契合了这一现实背景。是的，学校仍然肩负着培养人才的重任，但同时也应该为学习者（包括孩子和成年人）提供机会，让学习者能够自我驱动，实现自主学习。如今，我们可以在任何时候、任何地点，以任何节奏进行学习，这让我重新看待自己的职业学习。威尔·理查森，教师职业学习免费网站"现代学习者"的联合创始人，鼓励教师融入时代潮流，充分利用和孩子并无二致的学习机会。"说实话,教师应该为自己的职业发展负责,如果你想学会使用博客,就应该和孩子一样去主动学习,不必非得等着博客工作坊上的培训。"²

如果想让学生在课堂上使用谷歌教育的相关应用,那就和教师一起先尝试使用一下。如果想给学生提供个性化的学习,就先为教师(和你自己)提供个性化的学习,这样有助于你和教师接受变革,并且率先体验学生的课堂体验。同样,为教师创造一个能够和学生在同一个空间及环境里一起学习的机会,有助于我们站在学生的角度思考应该为学习者提供怎样的学习机会。反之,如果把成年人的学习空间与学生的学习空间区隔开来,结果只会违背初衷。没有对自己情况的基本了解,创新便无从谈起,这和熟能生巧是一个道理。

当今教师职业学习中的八个原则

只有首先让我们自己沉浸于类似的学习体验之中,才能更好地理解我们为学生创造的学习机会。让我们来回顾一下"当今课堂教学的八个原则",思考如何将其应用到职业学习当中。大家可以参考西尔维亚·达克沃思的漫画来看一下这八个原则(见图12-1)。³

面向未来的教育

图 12-1

我们可以从以下这些建议中，找到一些可以帮我们在学校和社区建设职业学习文化的思路。我针对每一个原则都给出了自己的理解，但其实每个原则都可以容纳更多元素、提供更多机会。我建议大家看看这些建议，并以此为起点，为自己和其他教师做出个性化的学习方案。

有效发声

理由：为教师创造与他人公开分享自己想法的机会，可以带来"群体加速的创新"效应，这个话题我们在上一章讨论过。如果只鼓励一小部分人发声，那么只能听到来自少数人的想法，就无法发挥当今社会扁平化管理的优势。公开分享还有助于教师对自己在网上的数字足迹有更好的了解。

理念：我去年所用的策略是通过视频进行反思。2014年Twitter推出了可以发布30秒视频的功能。受此启发，我发起了"教育30秒话题标签（#EDUin30）视频"。在每一段30秒的视频中我都会提出一个问题，全世界的人都可以来思考和回答。一些人通过视频回应，有些人可能不习惯通过视频表达，而是通过在Twitter上发布照片或者博客帖子来回应，然后用#EDUin30标签标注出来。这一实验让我能够充分利用"大众智慧"，让教师和学习者都受到尊重，每个人都能对社区和社区文化产生积极影响。

凯莉·克里斯托弗森是一位思想引领者，之前也做过学校管理者，她建议让教师在每月的教师会议上做一次类似TED形式的简短演讲，与大家分享自己正在学习或者正在课堂上与学生一起尝试的新东西。[4]这样的机会可以激发教师与他人分享自己正在进行的创新努力，从而推动整个组织创新。

其他可以融入的元素：自我反思、联通学习、自我评价、批判性思考。

自主选择

理由：只有当学习者对自己的学习拥有主动权时，真正的学习才能产生，很多职业学习方案仍然保持着自上而下的决策方式。如果鼓励学习者自主发掘学习热情，就更有可能激发他们将学习深化，愿意接受所学知识，也更愿意分享自己所学并以创新的方式将其应用于实践。西蒙·斯涅克说："拼尽全力去做自己不感兴趣的事情，只能感受到压力，只有全身心投入那些自己热爱的事情，才会产生激情。"[5]如果所学内容能够激发学习热情，那么为克服学习中的困难而付出的努力就是值得的。

理念：教育营（EdCamp）的影响已经覆盖全世界，非常适合教师自主学习。教育营的所有课程都是由参加活动的教师自己开发、创建和领导的。因为参与人员对所学内容很感兴趣，所以课堂讨论的话题非常丰富，学习也更加深入。教育营这种形式是可以（也应该）应用到教师职业学习中的。我们之所以没这么做，是因为学校的领导和教师都没有时间来准备和协调这样的活动。但是如果我们把学习视为办学的第一要务，就应该为深度学习创造时间和机会，并将其作为办学常态，而非偶尔为之。

其他可以融入的元素：有效发声、自我反思、批判性思考、创新机会、发现/解决问题。

自我反思

理由：反思是个人学习和成长的利器，应该在所有的职业学习中使用。尽管合作对于组织发展至关重要，但花些时间对创意和想法进行消化加工也同样重要。学习是高度个人化的行为，如果没有时间进行反思，没有机会将个人想法和学习体验与他人分享、沟通，就很难让思考深入、持续和共享。

经过反思的学习才是真正的学习。

反思在当今教育的每个层面都非常必要。

理念：我在工作坊中常用的一个做法是，与学员分享我的一些想法和反思性思考，然后通过延长休息时间让学员进行反思。学员可以在一个像谷歌表单（Google Form）一样的表格上，对自己的想法进行加工和分析，同时融入公开反思的内容。知道工作坊的其他成员会看到自己的想法，分享人会更有动力对其将要分享的想法进行更加深刻的思考。（在全球范围内通过博客和其他社交媒体进行学习分享也是同样的道理。）

我在工作坊的学习过程中经常用以下简短的问题鼓励学员进行反思。

1. 今天新学到的知识有哪些是你想进一步探讨的？为什么要继续探讨这个话题？

2. 你个人发展中最大的困惑是什么？

3. 你还有什么想法要与他人分享？

这种反思的一个重要组成部分就是要求学员提出问题，只分享自己的想法是不够的。提问是学习和反思的基础，它推动我们不断进步。学校不应该只培养学生解决问题的能力，还要重视提出问题的能力。

其他可以融入的元素：有效发声、自我评价、批判性思考、联通学习。

创新机会

理由：要培养创新型学生，我们就要成为创新型从教者。在教师职业学习的所有内容当中，让教师（和我们自己）享有持续学习以及完善实践的机会是最根本的。创新是一个过程，那些新理念需要实践来检验，并在实践过程中不断优化。

理念：我的好朋友杰西·麦克莱恩是阿尔伯塔省斯普鲁斯格罗夫市格雷斯通百年中学的助理校长。他倡导为学生举办"创新周"（是美国伊利诺伊州教师乔希·斯坦宾浩斯特发起的"创新日"的升级版）。在创新周期间，学生提交一个自己将要提出或者想要解决的问题，可以利用上课时间找到解决方案。杰西知道要想让这个计划成功实施，就要在教师当中举办类似的活动，因此他又创立了"教师创新日"活动。活动当天，学校给教师时间去调整、拓展自己的创新想法。任何创新的想法都可以，不一定非得与教育相关。[6]

受丹尼尔·平克的启发，克里斯·威尔创立了"联邦快递备课时间"（Fed-Ex Prep），这是他为教师设计的可以自主支配、专门用于创新活动的时间。克里斯根据情况选定一些时间段为教师代课，让他们省出时间去思考或者创新、创造，并在第二天把成果和大家分享。[7] 他的另外一个创新做法是借鉴谷歌著名的"20%时间"的创意，给教师腾出一些时间让他们自主支配，去做一些让学生和其他教师都会受益的工作。

我们不必把以上这些创新思想当作金科玉律，而是要根据实际情况借鉴和应用，满足我们所服务社区的个性化需求。要想让教师能够从执教者成长为创新者，最重要的一点（再强调一遍）就是将创新置于优先地位而且必须投入时间。培养具有创新精神和企业精神的学习者是学校发展的关键因素，我们要通过创造职业学习机会推动创新，使其成为组织成长的必需品，而不是奢侈品。正如俄勒冈大学全球和在线教育研究所主任赵勇所说的："我们缺什么，就去创造什么。同理，如果我们没有企业家，就需要培养企业家。这就要求我们的教育必须从小为学生注入企业家精神。"[8] 教育源于具有创新精神和企业家精神的教师与领导者。

其他可以融入的元素：批判性思考、自主选择、联通学习、解决/发现问题。

批判性思考

理由：在一个信息爆炸的世界，我们的学生是否能够批判性地甄别信息，是否真正了解自己的想法和喜好其实非常重要。同时，我们还要培养学生敢于提出问题的能力，鼓励他们质疑和挑战传统观念。

如果要求学生具有批判性思考能力，从教者自己也必须在教师职业学习过程中以积极的方式倡导这种能力，同时为批判性讨论提供健康的环境来评估、推动、考量我们的创意或想法，从而推动个人乃至整个组织的成长和发展。如果学校想实现真正的创新，领导者就要持有开放的心态，允许人们质疑甚至挑战现行做法。记住：扁平化管理的公司是最适合这种思维方式生长的。

理念：本章中的很多观念都对教师职业学习的传统思想提出了挑战。我之前说过，这些想法不是什么治病良方，只是我对改进职业学习的一些思考。我特别希望教育界的领导者能和员工一起认真讨论，建立一套职业学习的标准，然后提出可行性意见，探索如何成功实施这些标准。我希望个人学习也可以采取类似的方式，让教师将自己个人学习的成功经验以及实施方案与大家一起分享。

这种基于问题的教师职业学习就是要挑战这样的观念——"我们一直都是这么做的"。挑战可以从"为什么……"这样的问题开始，比如，用"为什么要为学生设立各种奖项""为什么要用学生成绩单作为评价工具"等可以进一步探讨的问题，质疑我们对学校教育的各种设计和预想。

这种质疑过程的价值在于，你会以新的视角来看待各种观念和想法。鼓励员工提出问题，积极探寻新的思路并找到解决问题的方案，是学校创新的关键步骤。如果组织成员都能积极参与其中，积极的改变就会随之发生。

其他可以融入的元素：创新机会、有效发声、自主选择、发现/解决问题。

发现/解决问题

理由：第3章提到过，培养学生发现问题、解决问题的能力对于学生成功至关重要。如果我们在课堂上要求学生发现和解决问题，就必须在平时的工作中以同样的标准要求自己。扪心自问，我们经常要求自己发现和解决问题，从而为学生创造更好的机会吗？简而言之，我们做得还不够。

克莉西·万诺斯代尔的"我学习"视图所传达的信息不只适用于学生，也适用于所有从教者。教育领域的每个人都必须成为学习者（见图12-2）。[9]思考、质疑、设计、创造、努力、合作、尝试、破解难题、学习等，所有这些都是发现问题、解决问题的关键特征，无论个人还是组织都应该努力践行。

第12章 | 为教师创造有意义的学习体验

图 12-2

理念：探究式学习过程不仅重视解决问题，还强调首先要提出问题、找到问题的重要性。下面，我将阿尔伯塔省教育厅为学生设计的探究式学习过程与大家分享一下。然后我们再看如何将其应用于教师的职业学习。

> 有效的探究要比仅仅提出问题具有更丰富的内涵。探究式学习是一个复杂的过程，学生要提出问题，通过调研找到答案，构建新的认识、含义和知识，然后与他人交流自己学到的知识。在课堂上，教师强调探究式学习，学生积极参与解决现实生活中的实际问题。这些问题的设计既要符合教学大纲的要求，也要满足社区的需求。这些高效的学习体验极大地提高了学生的参与度和学习热情。[10]

以上内容经过简单调整，可以形成一个如何看待教师职业学习的有力阐释，从而为学生提供更好的学习机会。

> 有效的探究要比仅仅提出问题具有更丰富的内涵。探究式学习是一个复杂的过程，~~学生~~**学习者**要提出问题，通过调研找到答案，构建新的认识、含义和知识，然后与他人交流自己学到的知识。~~课堂上~~在学校里，~~教师~~**管理者**强调探究式学习，学

~~生~~**教师**积极参与解决现实生活中的实际问题。这些问题的设计既要符合教学大纲的要求，也要满足社区的需求。这些高效的学习体验极大地提高了学生和**教师**的参与度与学习热情，激发了他们的学习潜能。

无论是尝试"携带自己的设备办公"（BYOD）、开发创客空间，还是启动一个新项目，学生和教师都要充分参与到变革的过程之中。要推动组织成长和发展，就要敢于对学校的运行方式提出质疑，同时鼓励社区成员参与社区规划并依据解决方案付诸行动，这正是我们希望学生在课堂上采用的学习模式。想想看，我们的教师、学生乃至整个社区是否经常积极参与到变革之中？作为领导者，我们要潜心致力于激发组织成员的潜力，让每个人都成为发现问题和解决问题过程中不可或缺的组成部分。

其他可以融入的元素：批判性思考、有效发声、自主选择、创新机会。

自我评价

理由：学校教育的特殊性质让我们总是依靠别人的评价来确定我们的工作成效。对学生的评价如此（成绩报告单），对教师的评价过程也是一样。一个依赖他人肯定或者纠错的评价体系存在很多问题，其中之一就是，学生可能遭遇差劲的教师，教师可能遭遇差劲的校长，校长则会遭遇差劲的学区总监。当评价者/领导者能力不够时，整个系统就会失去效率，甚至会受到损害。相反，如果我们能够对自己的优势和劣势有足够的认识，而不依赖于他人的评价，不仅对教育本身，也会对个人成长和职业发展大有裨益。

理念：作为电子文件夹的博客不仅可以展示学习成果，也为我们提供了反思的时间。在过去五年中，维护自己的电子文件夹让我得到了比其他任何职业学习都更加快速的成长。在这个过程中，与其他管理者和教师的交流提升了我的沟通能力，同时也使我对所学内容和学习方式进行了反思。还有一个额外收获就是，通过对整个过程的记录以及对自己学习情况的评价，我可以很容易地看到自己的进步和成长。

教师建立自己的文件夹可以把评价谈话的主动权从"评价者"转移到"学习者"手中。例如，传统的评价体系由分别从管理者和教师角度出发的观测点汇总而成。对教师的评价谈话往往从这类评价开始。但是以我的经验，很多时候焦点问题（和谈话）都由评价者来把握，教师只是被动接受评价。电子文件夹作为（自我）评价的一部分，让教师掌握了评价谈话的主动权，从而改变了由外部评价者来评价教师的局面。管理者和教师的评价谈话可以从类似这样的问题开始："你的优势是什么？还有哪些方面需要提高？"教师可以把自己的文件夹放在面前，对自己的进步、优势以及薄弱之处进行反思和评价。

迪安·沙尔斯基院长对于如何通过使用博客让教师变得更加优秀，有自己独到的见解。

> 众多使用博客的教师可能都有类似的观点。据我所知，几乎所有使用博客的人都承认博客在他们的个人成长和提升过程中的重要作用。根据专业学习社区（Professional Learning Community，PLC）的数据，我们的学校已经花费成千上万美元，甚至几百万美元用于学校事业发展，其实通过博客几乎可以完成同样的任务。PLC 的基本思路是让教师分享他们的教学实践或数据，并通过团队合作实现职业提升。一个好的博客也能起到同样的作用，甚至可以做得更好。尽管博客分享的数据可能不适用于某个具体的学校，但是优秀的博主知道如何分享那些既有相关性又有普遍性的数据和经验，

同时方便读者贡献自己的数据和经验,并随时发起讨论。[11]

关注自我评价不仅让个体学习者受益,而且通过博客分享让其他教师受益。无论组织内外,教师的学习和实践越透明,就越可能互相学习、互相借鉴,从而推动变革的发生。

联通学习

理由: 当今世界的学习机会无穷无尽。我们不仅能够免费快速地获得海量信息,还可以通过网络相互联通。这种简单便捷的连接不仅对改变学生的学习环境有益,也让我们从领导者和持续学习者的角度出发,以更快的速度为自己和所服务的人群创造更多高效的学习机会。

亚历克·库罗斯博士制作了一个"人际网络中的教师"示意图(见图12-3),来说明联通学习包括哪些内容。[12]

尽管图12-3中的技术及其使用方式都可以进行替换,但我认为,这张图中最重要的部分是既指向内部同时又指向外部的箭头。人际网络中的教师既是信息的消费者,也是信息的生产者。这些交互连接加速了创新,也让教师为学生创造更好的学习机会。

为教师创造有意义的学习体验 | 第12章

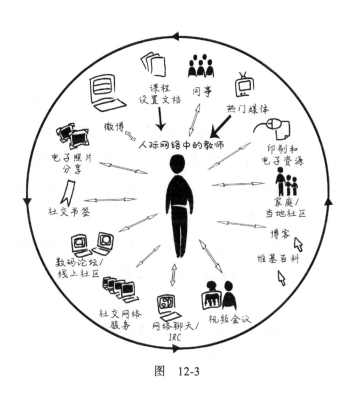

图 12-3

理念：如果我们认为联通学习能够对学生的学习产生积极影响，那么给教师更多时间与组织内的同事和世界各地的同行沟通交流就势在必行。这种沟通和交流应该包括：让教师有机会通过专业的学习网络（PLN）明确自己的兴趣和问题，告诉他们哪里可以找到合适的资源，例如教育博客网站中的"教师面临的难题"板块，在这个板块中，教师可以在指导教师的带领下完成每周的任务，以提高自己的职业技能。[13]

养成与他人沟通交流的习惯是第一步。如果想要找到适合的教学工具或者教学策略，除了通过谷歌搜索来寻找，你可能还需要（或者最好）在 Twitter 上提出同样的问题，而且要记得使用话题标签功能，这样方便找到相应的推文。这种方式可能会帮你找到更好的答案，对某个问题的认知也会从表层理解深化为熟练掌握，同时强大的人际网络也在这个过程中建立起来。

说到话题标签，每次我给教师推送主题发言或者工作坊的时候，都将相应的话题标签分享给他们，这样教师之间就可以实现实时互动，并互相学习。我认为如果参与者只从我一个人这里学习，他们可能会失去与他人相互学习的绝好机会。学校或者学区的情况也是一样。正如我在第 11 章中谈到的，使用话题标签能够促进学习，培养参与者的社群意识。不要只在教师职业学习活动中才使用话题标签，要坚持常年使用，这样才能让教师充分利用同步和非同步的学习机会。(这也是收集我们在一年当中成长素材的好方法。)

其他可以融入的元素：自我反思、有效发声、自主选择和创新机会。

进一步思考

本章内容不是要给出教师职业学习方式的标准答案，而是提出一个能够激发思想火花的建议。书中的某些内容你可以拿来即用，也可以在此基础上进行修改和完善，或者干脆彻底推翻某个做法。作为组织的领导者，明确如何在组织现有认知的基础上找到未来的发展方向非常重要。教师职业学习最根本的一点就是，明确人们的期望值，即人们期望通过学习得到的提升。单纯地传播信息不会产生任何学习效果。如小说《炼金术士》(*The Alchemist*)的作者保罗·科埃略所言："知识不能仅靠别人来传授，必须要自己探寻才能找到答案。"[14]这意味着教师的职业学习必须实现个性化，要能激发学习者的潜能。如果员工的能力参差不齐，可能会让领导者灰心丧气。但如果你能够接受每个人都有适合自己的学习节奏这一事实,就会愿意帮助他们发掘自己的最高潜能。

讨论问题

1. 在实现学校/组织成员共同确立的愿景的过程中,你是如何实现组织成员学习的个性化目标的?

2. 在你的学校,你是如何将我们为教师创造的学习机会与为学生创造的学习机会有效结合起来的?这种结合是根据你自己的经验而产生的吗?

3. 在你们的教师职业学习中,哪些方面已经体现了"当今课堂教学的八个原则"?还有哪些方面做得不够?

第四部分
总结和思考

chapter 13

第 13 章

我们是否达成了目标

组织智慧比组织学习更胜一筹,因为它更专注于做正确的事,而不仅仅是正确地做事。

——马丁·海斯[1]

我们是否达成了目标 | 第 13 章

让我们来回顾一下之前章节的主要内容。

我们在第一部分为创新下了定义,探讨了为什么创新对于教育如此重要,总结了创新型思维模式的八个特征。

第二部分讨论的重点内容包括:建立稳固的师生关系、为组织创新做出表率、激发组织成员的潜能、与社区成员一起制定学习愿景(而不是为社区成员制定愿景)。

在第三部分我们探讨了如何充分发挥人们的才能,为学校创新的蓬勃发展创造有利条件。

塑造培育创新文化的环境,可以采取以下策略。

- 重视基于学习者优势的领导力培养。
- 根据学习者的需求做出决策。
- 缩小任务范围,专注深度学习。
- 拥抱开放的文化。
- 为教师创造我们希望在课堂上为学生创造的学习体验。

需要注意的是，不要以线性方式理解以上策略，其中的每一条都是培育创新环境不可或缺的因素。表 13-1 中列出的问题会帮助我们逐条实施以上策略。让我们花点时间来研究并且回答这些问题，这将有助于我们了解如何在组织内、学校里或者课堂上让人们充分发挥才能。

表 13-1

充分释放潜能	引发的相关问题	你的答案
基于学习者优势的领导力	我了解我的服务对象拥有哪些优势吗？我是否帮助他们发挥了这些优势	
高效学习优先，技术手段其次	我们是否乐于接受新的（和更好的）学习机会？我们的决策是否基于这些新的机遇而做出	
以简胜繁	经过有的放矢的目标精简之后，我们将着力发展哪些方面？如何有效调配资源来支持这些领域的学习和发展	
拥抱开放的文化	我们应该如何与他人进行公开和经常性的分享，以促进我们自身的学习和发展	
为教师创造有意义的学习体验	为教师创造的职业学习机会是否和我们为学生创造的学习机会一致	

"创新"一词越来越频繁地出现在学校和学区的使命与愿景陈述中。作为领导者，我们的任务就是不要让创新仅仅停留在词汇层面，而是将其作为一种有目的且持续影响我们日常行为的思维方式。正如我之前提到的，我们的行动必须与使命和愿景中的陈述保持一致。如果我们仍然只关注如何

在标准化考试中取得好成绩，就不会去真正关心如何培养学生，帮助他们在当下和未来获得成功。我不是在强调考试无关紧要，而是说这种考试文化不合时宜。俗话说，给猪称重不能让猪变肥。如果我们希望学生成为设计师、思想家、创造者和领导者，就必须首先认识到，如果只是让学生反复"咀嚼"书本乃至电脑上的信息，他们最终收获的只有被动接受。这并不是说之前老师和学生在学校所做的一切都无关紧要，而是说我们可以利用已有信息、资源和人际网络，创造出更好的东西。

我们再来看一下你是如何对表 13-1 中的问题作答的。如果你能针对每个领域的问题立刻采取行动，那么你的学校从外观到内在感觉会发生怎样的变化？我相信你会发现，即便是最微小的改变也可能让事物朝着更新、更好的方向发展。

一种不同以往的评估方式

如果我们培育这样一种文化，即所有教师都认为自己必须不断提升，理由不是他们不够优秀，而是他们可以变得更加优秀，我们就可以无往不胜了。

——迪伦·威廉

建立学生学业表现的档案材料是学校的一项重要工作，很多学校把考试作为证明材料的主要形式。既已如此，如果只是简单地否定考试文化却不能提供其他选择，便无任何意义可言。我之前提到过，我们学区推行的创建电子文件夹行动很有成效，减少了学校对标准化考试的关注。我在之前的章节里解释过为什么我要鼓励从教者创建电子文件夹，而我们现在探讨的话题正好是应该采取何种具体措施推动教育，我想利用这个机会，再跟大家分享一下电子文件夹的使用方法，进一步探讨为什么电子文件夹能够也应该成为学校评估过程的一部分。

学生和员工的电子文件夹可以起到两个主要作用：首先，它是记录个人学习过程的学习文件夹，显示了个人在某一阶段的成长情况；其次，它是陈列个人优秀作品的展示文件夹。举个例子，如果某个学生在9月、10月、11月和12月都录制了阅读视频，那么你就可以根据视频对这位学生在这几个月的进步情况做出评价，这就是记录学习过程的学习文件夹带给我们的益处。展示文件夹只列出学生最好的学习成果（与简历的功能相似），例如，该学生12月的阅读视频可以作为"最佳作品"放在展示文件夹当中。如果整个记录过程真实可靠，那么为展示文件夹挑选最佳作品并给出选择标准的人就应该是学生本人，而不是教师。

在传统的测评制度中，对学生的评价方式往往是主观的。如果一个学生阅读课的成绩是"A"，能说明什么呢？这得视情况而定，有时取决于年级的高低，有时取决于教师或者评分者，有时甚至取决于评价者所处的环境。相比之下，电子文件夹显示的是学生在一段时间内真实的学习和进步情况。此外，电子文件夹还可以改善家庭成员之间以及家长和教师之间的沟通交流，因为家长可以实时看到他们的孩子在学习什么。放学后家长可以对孩子说"我今天看见你在科学课上做××了，再跟我说说吧"，而不用再问学生"你今天都学什么了"，也不必被"没学什么"这种万年不变的回答困扰了。这种沟通方式可以使各利益相关方关于学习情况的沟通变得更加深入。

以下四个方面可以说明电子文件夹是如何更好地证明和评估学习效果的。

1. **可以更好地关注学生的读写能力**。很多人喜欢将优秀案例放入电子文件夹，这样做可以非常好地体现电子文件夹的作品展示功能。我之所以喜欢博客，是因为它可以为学生提供写作机会，而写作是一项非常重要的学习内容。有想法和有能力表达想法完全是两回事，而当今社会要求我们必须同时具备这两种能力。我们在第10章讨论过，学生在写博客的过程中有多次练习和修改的机会，可以让我们更好地关注他们阅读和写作的基本技能，这甚至比传统的家庭作业效果更好。在博客的写作和修改过程中，学生的沟通技能也得到了锻炼。简言之，写的越多，阅读其他同学作品的机会就越多，写作水平也会随之提高。

2. 可以发挥学生运用不同工具传达所学知识和表达观点的能力。 阅读和写作固然重要，但是为教师和学生创造表达观点的机会更加重要。使用博客的好处就是，无论通过什么"媒介"，我们总能把新学到的东西和自己的想法放在帖子上。如果想通过文字来表达观点，那就写点什么。如果想制作视频、创建 Prezi、分享照片、添加 SlideShare、做播客，也都没问题，这些都可以通过博客进行分享。我们目前对学生的评价往往不是基于他们对某一学科的掌握程度，而是根据他们的写作能力来评判他们的学业表现。博客提供了多种选择，学习者可以选择自己的优势"媒介"，表达对学习内容的理解以及希望达到的学习目标。

3. 可以培养学生作为观众和读者的评判能力。 之前提到过，学习过程中拥有观众很重要。如果我们只是制造一堆"数字垃圾"，并把它们的链接放到网站上，互联网作为沟通和交流媒介的功能便沦为单向工具。每次我们在博客上分享新内容时，其他人可以通过电子邮件订阅或 RSS 订阅接收信息。也许学生和教师没有成千上万的读者或观众，但即便只有 10 个人关注，也会增加我们的反思机会。我觉得如果你想花些功夫创建个人电子文件夹，就要抱着与他人分享的意愿。这些"观众"不仅有利于建立人际关系，还可能促成未来的合作。博客通过"观众"的评论和意见实现真正意义上的交流，也让那些对类似话题感兴趣的人建立了联系。

4. 可以培养学生发表观点的能力。人们更愿意对自己真正感兴趣的事情发表意见，不管是摄影、机械、烹饪、采矿、健身、跳伞，还是林林总总其他任何主题。我在过去五年所写的东西比我从幼儿园到大学期间的写作总和还要多，因为我想写什么就写什么，不受任何限制。写作让我能够发表自己的观点，分享自己的想法，更深入地研究我想了解的事情。如果你想用博客作为学生的电子文件夹，在学生完成学校要求的"规定动作"之外，要给他们机会，让他们分享自己关心和感兴趣的事情。这么做的额外收获是，在帮助学生分享观点时，你会对他们有更多的了解。如果我们觉得自由探索令自己痴迷的东西是可遇而不可求的事情，那么这样的自由和机会怎么会调动不起学生的热情呢？

我不是在建议用电子文件夹代替量化数据，而是想用它们提供的具有说服力的故事，同时结合其他评估形式对学习效果进行评价。数字只是评估的一部分，要想更好地了解我们的现实情况以及未来的发展方向，还需要结合从学生角度提供的以文字和视频形式呈现的学习过程。此外，电子文件夹还让从教者有机会看到别人的课堂上学生在做什么，从而激发创意，促进竞争性合作。电子文件夹对学习过程的记录是数字无法做到的。

学习方式的转变促成思维方式的转变

随着电子文件夹在世界各地教育系统中的应用，科技公司努力开发各种应用软件，极力满足这种需求。不过，如果不首先搞清楚电子文件夹如何影响我们从教者自身的学习，即便是最完美的应用软件，也不能帮我们为学生创造有意义的学习机会。如果起不到促进学习的作用，这些工具也只是徒有数码的形式，本质上和传统的纸质文档没有任何区别。我们在第12章讨论过，将电子文件夹作为教育实践的一部分，可以帮助我们充分理解记录和反思的力量，而记录和反思的过程是通过与观众交流学习成果实现的。

尽管大多数博客平台都有类似功能，但是帕克兰德学区使用教育博客（EduBlogs）平台创建电子文件夹。我们还通过这个平台做了其他几项持续开展的工作，包括学校博客、课堂博客、学区交流，以及各个群组空间，比如psdblogs.ca/learningcoaches板块上的"学习导师"（Learning Coaches）就是一个分享学习经验和成果的空间。如前所述，电子文件夹让我们能够亲身体验我们想为学习者创造的东西。同时，这个平台还有助于我们限制所用技术工具的数量。我们使用的工具和学生的一样。我们不再关注如何使用这些工具，而是探索如何利用这些工具改进和提升学习体验。

我们利用博客的方式之一，就是启动了一项名为"184天学习"（psdblogs.ca/184）的行动，实时展示学区内各所学校整个学年中学生每一天的学习情况。它的理念是受亚特兰大几个从教者的启发而产生的。他们每天都会问社区成员这个问题："今天你们学到了什么？"我们决定也向我们社区提出同样的问题并创造机会让社区成员来回答，包括从学生到校长的所有人。博客不仅让我们看到了联通学习对我们自己产生的影响，也激发了社区内外关于高效学习的各种想法和创意。通过博客，你可以看到从2011年活动启动一直到现在，我们的学生、教师和整个社区的学习过程与学习成果的完整记录，完美诠释了我们都是学习者的观念。

在"184 天学习"博客的使用过程中,我最喜欢的一段文字是一位叫麦迪辛的学生写的,是她阅读彼得·H.雷诺兹的《点》(The Dot)这本书的所感所想。她就故事中一段美丽的文字写下了自己的感想:

> 我希望每个人都有机会读到《点》这本书。读过之后,一切似乎都发生了些许变化。我希望这个世界上的每一个人都意识到自己非常重要,不管你是谁,来自何方。你可能觉得自己无足轻重,而实际上你举足轻重,认识到这一点太重要了。[2]

麦迪辛与世界分享的这段感想,不但让人深受启发,也让人感受到她的想法确实对世界产生了影响。在她的帖子公布 24 小时后,作者彼得·H.雷诺兹回复给麦迪辛(当时是四年级学生)如下评论:

> 麦迪辛,感谢你的分享,你的文字就像艺术品一样美好。非常喜欢你关于《点》的感想以及你将艺术与写作的完美结合,这让你的评论非同凡响。希望你时刻保持这种生生不息的创造力!
>
> ——彼得·H.雷诺兹[3]

我看到这个评论时感到非常吃惊。不光是我，感到吃惊的还有麦迪辛本人、麦迪辛的老师，以及其他看到作者评论的学生。那天麦迪辛和其他学生都明白了一个道理，即每个人的声音都可以影响他人。他们还看到今天的世界让人们的联系如此紧密，我们可以通过分享帮助和激励他人。现在我们学校的学生与外界建立联系的主动性更强了，读书时都会提出这样的问题："作者是谁""他的 Twitter 账号是什么"。请问，在标准化考试中（或者在不计其数的备考课上）会有这么难忘的经历吗？保守点猜测，应该不会有。

你是如何衡量成功的

我们经常用商业尺度来衡量学校教育成功与否，虽然不像公司那样以经济效益来考量，我们却经常使用考试成绩来评价教育是否成功。一家公司能否在未来取得成功，当然还有其他一些诸如顾客满意度等衡量指标，但商业世界的底线不外乎钱，因为利润是一项至关重要的衡量指标。学校可以向商界学习，但教育是否成功无法像商界一样进行量化评价。

圣迭哥大学移动技术学习中心职业学习部主任凯

特·马丁在和我的一次谈话中提到,他们在确定学校是否成功的时候面临很多困惑。她说:"我们目前的很多评价系统是互相矛盾的,我们一方面希望学生具有批判性思维,做有成就的公民以及负责任的决策者,另一方面却只用考试成绩来评价他们是否'成功',根本不去表扬他们的成长进步、他们学到的其他方面的必备技能和思维方式。"她说的一点没错。我们从事的是世界上最人性化的职业,却将它简化为只剩评分的字母和数字,这完全没有道理可言。

在确定我们的学校是否成功之前,必须先明确成功的含义,要认识到我们带给孩子的影响是在他们离开学校很久之后才能被评价的。当被问及上学时哪些经历对他们产生过积极影响时,大多数成年人的回答不外乎一个大项目,一个很酷的任务,或者是和一位他们心中的"英雄"之间的一段重要且积极的关系,却没有一个人提到考试。

所以成功的含义究竟为何?许多学校会搬出毕业生考入大学的数据来证明自己学校的成功。但如果一个学生拥有大学学位,却根本不喜欢自己从事的工作,我们是否还认为这是成功呢?除了学业成就以外,衡量学校成功与否不应该只看学生在学校的表现,还要看他们离开学校后对世界产生的影响。一个人即便获得了大学学位，赚了很多钱，而且很快乐，但是没有对社会做出任何贡献，这算不算成功呢？如果答案是否定的，应该由谁来对此负责呢，是这个人本人还是学校教育？

虽然成功很难量化，但是很多时候对教育的评价可以从学生的视角来考量。对毕业生进行问卷调查就很有意思，以下三个问题可以放在调查问卷中帮我们确定我们的学校究竟做得怎么样。

1. 你认为自己是一个成功的、对社会有贡献的成员吗？

2. 可以说说你给出以上答案的理由吗？

3. 你觉得你接受的学校教育对你现在给出的答案有什么影响？

这些问题的答案无须漂亮的包装，却能传达很多我们办学成功与否的信息。这三个问题为我们提供了某些衡量学校运作情况的尺度，同时又非常简洁，很容易结合其他具有说服力的定性数据做出回答。

进一步思考

怎么知道你所在的学区、学校或班级是否"达成目标"

了呢？答案很简单，我们还没有达成目标，实际上，我们永远都不会达成终极目标。这么说不是想表达世界上没有最好的学校，你的学校可能就非常优秀，而是要强调，既然学校应该是推动创新的学习机构，我们就必须坚持持续改进和提高，也就是说，创新、成长和学习是一个没有终点的长跑。现在的创新应该成为未来的常态，一种为持续改进注入动力的现实常态。罗伯特·萨顿和哈吉·拉奥认为全世界最优秀的组织都把关注持续进步作为基本原则。

> 正如皮克斯的奥斯卡获奖导演布拉德·伯德所说，那些能够一直保持卓越的组织都充满了"持续的不安"——这种不安感的根源在于，总觉得自己做得不够好，从而产生不断创新的强烈要求。[4]

这种"持续的不安"会促使我们为学生做好服务，激发教师作为学习者的潜力。一旦停止学习，我们就不再适合教学了。本书不是想给出什么答案，而是希望引发更多可以探讨的问题；不是要结束讨论，而是要激发讨论。我把本书的出版视为对自己所学知识的总结性评价，但我对这个话题的研究远未结束，而是刚刚开始。如果你认为自己已经到达了"终点"，那么你可能已经落伍了。

在科技无处不在的今天，我们需要对"更好"这个概念在教育领域的含义进行新的诠释。迪安·沙尔斯基建议教育界的领导者也要重新思考成功的内涵。

> 过去 10 年，大多数能够使用现代科技手段的人都有过这样的经历——不受时间和空间的限制，可以随时随地向世界上的任何人学习。如今，这已经不是什么新鲜事了，这就是我们日常的学习方式。那些不理解、不适应这种环境的决策者或领导者恐怕都得另谋他就了。无法想象现在竟然还有人不了解这些新观念和新变化，不知道这些新观念和新变化意味着衡量成功的标准也发生了变化，包括学生使用各种媒介进行沟通的能力或者讲故事的能力、艺术创造能力、解决和发现现实问题的能力、与世界其他地区的人们合作的能力、写代码的能力等。总之，衡量进步与成功的方式很多很多，一个表格根本无法容纳。[5]

作为教育领域的领导者和持续学习者，我们必须不断前行，永不止步，不仅是为我们自己，更是为了我们服务的学校和学生的利益。永远不要停止质疑，永远不要停止探索学习的边界,真正的学习就是在不断的质疑和探索中产生的。

讨论问题

1. 你所在的学校如何判定自己是否正朝着社区成员共同制定的愿景前进?

2. 如果需要通过各个层次和类别的学习记录向他人或社区展示学习过程和效果,你会怎么收集这些记录?

3. 如果想更好地了解学生在学校的学习体验,你会问他们什么问题?

chapter 14

第 14 章

教育创新的最大障碍和 "游戏规则改变者"

如果你能够激励他人拥有更多梦想、学习更多知识、采取更多行动、取得更多成就,那么你就是一个真正的领导者。

——约翰·昆西·亚当斯

一位艺术家刚在街上把画架支好,有个人便走过来,问画一幅肖像多少钱。"50美元。"艺术家回答。此人欣然同意,艺术家便开始作画。10分钟后,艺术家完成了一幅既漂亮又有创意的作品。此人对这幅作品的创意和质量非常满意,却对之前商定的价格提出了异议。"这么短的时间就可以完成的作品不该标那么高的价钱。"她说。艺术家回答说:"在10分钟内完成一幅作品是我练了10年的功夫。你只是没见过这幅10分钟画作背后的辛苦。"

我以前就听过这个故事,虽然不记得是从哪里听到的,却对故事所传递的信息很有共鸣,尤其是在读过一篇又一篇关于教育中"基础"与"创新"之争的文章之后。似乎很多人都会选边儿站队,而我的态度比较折中。我觉得任何领域的创新都需要从根本上理解相关的基本概念。要成为一位伟大的音乐家,就必须从音乐的基本概念学起。世界上最好的作家也必须具备基本的阅读和写作能力。学习基础知识的速度因人而异，但每一位大师都是从习得基本知识和能力起步的。

基础知识在现代世界不可或缺，这一点我们都很清楚。你可能不相信，虽然我对教育创新充满热情，却对可能出现的拼写错误充满畏惧，这简直就是切肤之痛。我想让孩子知道，他们需要掌握乘法表，不能只靠计算器解决简单的数学问题。基础知识固然重要，但我们还要在知识基础之上进行创造和实践。就好比阅读和写作知识并不足以让你成为一名作家，但如果你是一名作家，就一定知道如何阅读和写作。

我们学习的方式，以及我们讲授的方式——即便是讲授最基本的技能，都必须能够反映和利用我们今天所能接触到的技术、信息和人员。我们不能再用以前老师教我们的方式教学了，不仅因为我们现在拥有更多方便的机会和条件，还因为许多教师上学时所经历的教学方式现在已经无法满足所有学生的需求了（其实即使在当时也存在同样的问题）。

回想在学校上学时，从一年级一直到七年级前后，我的成绩一般都排在班级前三，但我一直都觉得自己不够聪明，因为我不是第一名。学校排名让我开始相信瑞奇·鲍比的话："如果不是第一名，那就和最后一名没什么两样。"有了这句口头禅，之后的几年我几乎不再努力，差点没考上大学，即使在大学期间也有好几年学习很吃力。上学时我也掌握了一些基础知识，但从来没觉得自己会取得什么像样的成绩。我从来没觉得自己在写作、数学、科学或其他任何学术方面有什么天赋。我上大学也不是因为六岁时忽然开悟，立志长大后要当老师，而完全是奉父母之命，满足他们的期望。我浑浑噩噩度过了大学时光，最后终于决定在教育领域工作。我总共花了六年时间才获得本该四年获得的本科学位。为什么我能在学校教育的前几年表现不错呢？为了取悦老师。为什么我能读完大学呢？为了取悦父母。为什么我要当老师呢？因为我真的不知道自己还能做什么。直到大概 31 岁的时候，我平生第一次认定自己是个教育工作者，不是因为我从事了这一职业，而是完全出于我对这份职业的热爱。之所以发生这样的变化，是因为我的优势和兴趣得到了发挥与认可，它让我看到了自己的天赋和兴趣所在。几年以后，在我 35 岁时，我第一次把自己视为一个学习者。又一个五年过去了，在完成本书最后一章的这一刻，我觉得自己是个作家。

我在学校当了 18 年的学生，写了无数篇文章，但从未觉得自己擅长写作。当我终于开始发掘自己的兴趣和热情并且开始将学习不断深化时，我才发现其实自己很喜欢写作。在完成了一本书、发表了近千篇博客文章之后，我开始把自己视为作家了。能够对自己从事的工作发自内心地热爱让我心怀感激。我没有把工作当作任务，而是将之视为我生命的一部分。我希望我的员工和学生都能尽早体验到这种美妙的感觉。

那么 18 年的教育经历对我现在的成就有帮助吗？当然有！感谢所有那些花费大量时间和精力帮助我的老师，给我创造了那么多机会。如果没有在正规教育和家庭教育中学到的扎实的基础知识，我就不会是今天的我，也不会成为一个真正的学习者。可是，那个问题还在，而且更为重要：为什么我没能早点发现自己的热情和才华呢？作为一个教育工作者，我该如何帮助学生发现自己的天赋呢？

因为我重视创新，所以人们经常向我提出这样的问题："我们该如何看待基础知识呢？"行文至此，我希望大家都已经明白我的初衷，我不但想让学生好好学习基础知识，而且还要让他们掌握远多于基础知识的能力。我父母当初来加拿大不是为了给子女提供在希腊也能拥有的机会，而是为他们创造更好的东西。为学生创造一个比我自己上学时更好的学习体验,是我作为教育工作者的最大动力。我很感激教过我的老师,我想站在他们的肩膀上为学生创造更多机会。我也希望未来的教师不要简单重复我们这一代人的做法,而是做得更好,对下一代人的成长更有意义。这不正是每一代人的愿望吗?我们这一代人一定要比上一代人做得好才行。

是什么力量的驱动,让本章开始提到的那位艺术家肯花10年的时间,练就在10分钟内完成一幅画作的本领?我猜他可能是在某个瞬间受到某种启发,觉得自己能够成为艺术家。我真诚期望学校能够激发学生的热情,让他们每个人都不会被基本要求缚住手脚,而是追求更高远的目标。我们总是为学业优秀的学生鼓掌欢呼,称赞他们的成功,但当他们走出校门时,可能除了擅长学校里考试学习那些套路,就没有什么其他优势可言了。其实作为教育工作者,我们能为学生做的还有很多很多。2010年艾瑞卡·高德森作为毕业生代表,在她的高中毕业演讲中也表达了这一观点,非常犀利。

  毕业在即,作为本届毕业生中成绩最好的学生,我应该把这个演讲机会视为荣誉。回顾过去,

教育创新的最大障碍和"游戏规则改变者" | 第 14 章

我从来不认为自己比同龄人更聪明，但我敢肯定我一定是最听话、最按规矩行事的那一个。今天我站在这里，应该充满自豪，因为我已经圆满完成了灌输式的学习任务，并且会在秋天高中毕业以后继续完成我的大学教育，以得到一纸能够证明我已经具备工作能力的本科文凭。请允许我对此提出质疑，我是一个活生生的人，是一个有自己的思想、愿意冒险的独立个体，而不是一个一切服从安排、从事机械劳动的工人，我不想受困于日复一日的重复劳作，被限制在固定的既有程序之中。现在我用自己的亲身经历证明，我就是在这种奴役般的环境中表现最好的那个，我把每一件要求我做的事情都做到了极致。当别人为以后能成为伟大的艺术家而在课堂上涂鸦时，我在拼命记笔记，极力成为最好的应试专家。当别人因为阅读自己喜欢的东西而没完成作业时，我在认真地完成每一次家庭作业。当别人在制作音乐、写歌词的时候，我决定多修些学分，尽管我根本不需要这些学分。我在想，我为什么要当这个好学生？当然，我是靠自己的努力赢得了这些成绩，但是那又怎样？当我最终走出校门，我会有一个成功的人生还是会永远深陷迷失之中？我不知道自己将来想做什么；我没有任何兴趣爱好，因为我把每门功课都视为学习任务，我门门功课优秀，因为我的目标就是优秀，不是真正的学习。坦率地讲，我现在很害怕。

我们不是智能书架，可以条件反射般脱口而出我们在学校学到的知识。我们每个人都是一个特别的个体，这个世界上每个人都是特别的个体。难道我们不应该得到更好的东西吗？难道我们的头脑不是用来创新、创造和思考的吗？难道它们只能沦为机械记忆、百无一用、浑浑噩噩的代名词吗？我们接受教育的目的不是拿个文凭、找份工作，然后坐享工业社会带给我们的种种满足。教育的使命远不止此，我们要做的还有很多很多。[1]

正如艾瑞卡·高德森所说，我们可以让学生学到更多东西，而且要惠及每一个学生。如果我们想发挥学生的优势，就必须把他们培养成善于发掘自己兴趣和才能的学习者。要做到这一点，每位从教者就要首先发挥自己的天赋并且求知若渴。如果我们只是教授课程表上的内容，结果只会让学生失望。

教育创新的最大障碍和"游戏规则改变者" | 第 14 章

我的故事，你的故事

　　本书只是从我个人视角探讨了学校教育究竟可以成就哪些目标。世界各地的从教者也应该把自己的故事与大家分享，因为这些故事可以激励我们不断向前。第 4 章提到，我们在进行思想交流之前，需要进行心灵间的沟通，相互分享学习经验以及如何激发学生潜能的故事可以拉近彼此的情感，推动我们做出有意义的改变。如果我能真真切切感受到某件事，就会更有可能改变自己的行为或者信念，这是那些没有任何感情色彩的事实或数据无法取代的。好故事可以为教育创新注入动力，希望你也能将自己的故事与大家分享。

　　大多数教育工作者都热爱自己的职业，热爱他们需要为之付出辛苦的工作，这种爱源于对学生的爱。简单地用数字或字母来给我们的工作打分，实际上就是忘记了这一事实——我们从事教育的根本动力是（或者说应该是）对这份工作的热情。这也是分享我们自己的故事如此重要的原因所在，也是我鼓励大家对本书中的观点进行讨论和交流的原因。希望大家能在本书观点的基础上，碰撞出更好的创新想法，并在 Twitter 上用创新型思维模式（#innovatorsmindset）话题标签分享你的故事和观点。如此，我们便都成为故事的一部分,而故事的内容就是如何为学生创造更好的学习环境。

穆罕默德·阿里在一部有关他生平的纪录片中,分享了一首他认为是世界上最短却最有力量的一首诗,并在哈佛毕业典礼演讲时再次引用:

我。我们。

创新始于每个人的努力,也需要所有从教者共同努力,热情拥抱创新型思维模式,为学生创造更好的机会。

创新的最大障碍和游戏规则改变者

我以父亲的故事作为本书的开篇,在尾声部分与大家分享一下母亲激励我的故事,算是前后呼应。我在引言部分提到,我的父母坚信:"改变就是机会,可以成就了不起的事情。"这些"了不起的事情"总要从我们自己做起。当新的机遇来临时,即便它们貌似障碍,我们也要热情接纳,利用它们创造出比现存事物更好的东西。变化令人害怕,和"已知的差劲事物"共处似乎要比冒险去创造一个绝佳机会容易。恐惧会使人却步,但不能战胜我们。

我母亲用其一生证明,是否能够克服恐惧去做些了不起

教育创新的最大障碍和"游戏规则改变者" | 第 14 章

的事情，完全取决于我们自己。当母亲决定从希腊移民到加拿大去追求更好的生活时，她不知道自己是否还能再见到家人。她只上过六年学，但她非常努力，跟父亲一道创立了自己的事业，为我们兄弟姐妹创造了比他们小时候更多的机会。我记得她五六十岁的时候还在上阅读课。学习基础知识对她来说很困难，但她知道能读会写可以创造更多机会。她现在快 80 岁了，还经常给我发电子邮件，而且邮件的质量一封比一封好，真是太了不起了。她甚至学会了使用表情符号，如果我往家打电话的次数少了，她在邮件中就只用那些特别夸张的表情符号，好让我感到特别内疚。我把她发给我的每封邮件都存在文件夹里，就像专门为母亲建立的学习档案。母亲的每一封邮件我都格外珍惜。

在过去的几年中，我亲眼看见母亲经历了诸多逆境——父亲于两年前去世，母亲唯一的哥哥也在一年之后离开了，她在逆境中变得愈发坚强。随着年龄的增长，我们失去的似乎越来越多。面对亲人的离去，母亲仍然用各种方式表达对我的爱，经常和我联系，并给我提出建议。母亲没受过什么正规教育，但在我需要帮助的时候，她很多时候都能用她的智慧帮到我。她的智慧来自她对世界的态度，这比什么都重要。无论对人还是对事，当别人只能看到阴暗面时，她总能看到光明的一面。尽管我一直乐于接受变化，但我不知道能否做得像母亲那样好。

受母亲积极处事态度的影响，我一直在考虑我们在学校里所面临的种种挑战。面对紧张的预算、错误的政策，以及与不断变化的世界脱节的课程设置，我们似乎只能认输，沿用过去学校教育的陈旧观念。然而，就像母亲一直在为我们子女争取比她自己曾经拥有的更多的机会，我希望我们从教者也能为学生创造比我们在成长过程中所拥有的更好的东西。我们了解得越多，就应该做得更好。我们希望人们不被现实的藩篱束缚，大胆创新，同时我们也需要认真思考一下如何在现有的条件和框架下，挖掘自身潜能，实现创新目标。

当 6 秒视频应用程序 Vine 出现时，有人问："6 秒究竟能做什么？"也有人说："我很好奇我能用 6 秒做些什么。"这无关技术模式，只是思维模式的问题。有人把时间限制视为困难，而有人则认为时间限制是一种机会。你可以从自己的角度看问题，也可以对此提出疑问，但要保证不能把问题当作不愿尝试新事物的借口。

教育创新不能过于依赖政策或者课程设置，更不能受制于它们，必须依靠我们自己的努力。我常听到诸如"这件事我们做不了是因为家长、学生、老师、校长等的缘故……因为我们没有足够的资源……还有政府方面的原因"等说辞。于是我上网查阅，看到在面对同样的困难时，另外一些地方的有些人已经成功地实现了自己的目标。事实上，正因为他们经历过挫折，他们的故事和成功才更有说服力。

你知道为什么人们喜欢看有关超级英雄的漫画和电影吗？不仅仅是因为超级英雄激发了我们的想象力，还因为他们在战胜困难的过程中做了很多了不起的事情。故事中描述的事情越难，故事情节就越引人入胜。你有没有看见过写着"我的超能力是教学……你呢"的衬衫？每天按时上课只是基本要求，我们要做的还有很多。做个老师不算有什么超能力，但我们的教学方式可以具有超能力。真正改变世界的力量，来自我们为课堂和学校带来的思维模式。

我最近看到有人引用了这么一句话："成为自己故事中的英雄。"我想到了母亲，是她教会我在别人只看到黑暗时看到光明。她克服了无数艰难，倾其所有为子女创造了比自己曾经拥有的更加美好的东西。同时，她将爱和善良传递给遇到的每一个人。母亲就是她自己故事中的英雄，因为她知道自己拥有什么，知道怎么利用这些已有资源创造新的东西，她对此特别看重，并格外用心。她也从来没有因为资源匮乏而停下实现目标的脚步。这种思维模式对富有创新精神的从教者至关重要。

我很感激母亲,她和父亲的故事经常提醒我,创新的最大障碍其实是我们的思维方式。他们的故事还让我明白,教育领域最大的游戏规则改变者不是什么科技,而是乐于接受创新的从教者,现在是,将来是,永远都是。具有创新精神的教师和教育领导者把变革视为机会,而非障碍。他们不断提出这个问题:"什么才是对学习者最有益的?"有了这种思维模式,他们每天都为学生提供更新、更好的学习体验。不管个人还是组织,当我们接受这种思维模式时,就可以像我父母为我所做的那样,为我们的学生创造无尽的机会,让教育呈现本来该有的面貌。我期待改变,期待为我们的学生创造更好的机会。希望你也和我一样,满怀期待。

讨论问题

1. 什么事是你愿意马上着手去做以便早日实现新的学习愿景?
2. 在传统的学校教育模式下,你在变革过程中遭遇的最大问题是什么?
3. 你有什么故事想和大家分享吗?想通过什么方式分享呢?

致　　谢

我从未想过此生可以独立出书，而我确实也还没有做到，因为我在本书的写作过程中得到了来自很多人的莫大支持和帮助，才得以将我的学习成果与世界分享。

我要感谢帕克兰德学区总监蒂姆·蒙兹先生和所有同事。学区愿景"以探索、创造和想象力激发学习热情，是学习者追求梦想、实现梦想之所"激励所有学生和员工追求梦想。在追求梦想的过程中，我得到了来自整个学区的热情鼓励和全程支持。

感谢凯莉·威尔金斯，是她在我当年准备放弃教书时，发现了我自己都没有意识到的独特品质，并大胆将我留下。她是我平生所见最好的领导者。

感谢我的教学指导和其他同事，是他们让我懂得，领导能力并非天赋，而是必须付出努力才能获得的才干。

感谢戴夫·伯格斯和雪莉·伯格斯夫妇，是他们发掘出我的优势之处，鼓励我写一本书，实现自己的夙愿。

感谢凯特·马丁，在写作过程中，我每写好一章就会通过电子邮件发给她，征求她的意见。是她在鼓励我坚持写作的同时，不断提出质疑，让我的思考更加深入。

感谢全世界所有的从教者，正因为他们将自己的知识和热情分享出来，本书才得以受到他们思想的启发。

感谢我的兄弟亚历克和迈克尔，以及我妹妹蒂娜，是他们的爱让我变得更加聪慧。

最后，谨将本书献给三位我挚爱的亲人。

首先是我的父亲，是他教我懂得"改变是一个创造奇迹的机会"。父亲的一生冒险无数，只希望为家人创造更好的条件。

其次是我的母亲，她是我见过的最富有爱心之人，她的身教让我明白，要成为一个终身学习者，需要无条件地关爱他人。尽管她成年以后才学会识字，但我相信，不管本书的主题是什么，她都会认真阅读，书中的每一行字她都会读好几遍。

最后要感谢的是我美丽的妻子佩姬。她是我今生所遇最美好的人，也是最优秀的教师。她不仅鼓励我追随梦想，还敦促我去实现梦想，她也以同样的方式对待自己的学生。她是我见过的最温暖、最善良的人。